ヨベル新書
063

キリスト教思想史の諸時代 I

―ヨーロッパ精神の源流―

金子晴勇［著］

YOBEL,Inc.

装丁　ロゴスデザイン：長尾優

キリスト教思想史の諸時代

I　ヨーロッパ精神の源流

目次

序論　思想史は人間学の宝庫である——「本シリーズ」への序として

わたしはヨーロッパ思想史を研究しているうちに、そこには人間の自己理解の軌跡がつねにあって、豊かな成果が宝の山のように、つまり宝庫として残されていることに気づいた。その結果、思想史と人間学を結びつけて、人間特有の学問としての人間学を探究しはじめた。こうしてこれまでの哲学的人間学よりも広い射程をもつ文化的な人間学を確立すべく努めてきた。この点を詳しく述べてみよう。

「人間とは何か」という問題はヨーロッパ思想史のなかでは豊かに展開しており、古代・中世・近現代を通して典型をなすような仕方でもって貫通している。とくに人間の自己認識、つまり「自覚」の痕跡を辿りながら、この問題を今日いかに採りあげ、考察し、会得すべきかを明らかにすることは、きわめて重要である。わたしたちが歴史を研究するのは、ほかならぬ現代を知るために過去にさかのぼるのであって、現在の問題が歴史の中でどのように起こってきたかと、問題史的に考察するためである。わたしたちが過去の文化的遺産を摂取して、今日に生きる意義を見いだし、文化的価値を創造的に発展させて行くに際し、歴史研究は不可欠の仕事となっている。とくに困難と障害が大きい場合には、それをのり越えるために、一度はその背後にしりぞいて、長い助走をとらなければならない。歴史研究はこの助走路である。人間が自己自身を反省する「人間の自覚史」も同様に人間学を考察する上で不可欠であって、それは哲学・道徳・宗教・文芸において豊かな宝の山となっている。わたしは哲学のみならず、宗教や文芸の中から宝物を探し出したいと願っている。

1　現代の人間学的状況

人間の自己理解、つまり自己を知る「自覚」こそ芸術・宗教・哲学における探究の究極目的であるといえよう。哲学によって明瞭に自覚される以前にも実際的な世間知や人間知、神話や宗教、さまざまな習俗や文化的造形の中に人間についての自己理解と解釈が表現されている。すべて人間的な生命自身がそのときどきの自己自身を解釈し、表出している、と有名な精神史家ディルタイ（1833-1911）は語っている。事実、もっとも懐疑的な思想家でも自己を知る可能性と必然性を否定しようとはしなかった。「世の中の最大の事がらは自己自身を知ることである」と懐疑論者モンテーニュ（1533-1592）は語り、断乎たるヒューマニズムの立場をとっている。それゆえ、探究の方法は異なり、思想が違っていても、「人間とは何か」、「自己とは何か」という問いは人間自身の本性から発源しており、この問いは歴史を通して絶えずくり返され、深められてきた。そこには人間としての人間の在所を照らし、自己の本質を理解しようとする人間固有の精神的な営みが認められる。

自己自身についての人間の知識は「人間学」と呼ばれている。哲学のみならず、あらゆる人間の文化的営みの背後にはこの人間学が立っている。だから、フォイエルバッハ（1804-1872）が、「神学の秘密は人間学である」と言っていることをさらに拡大するならば、文化・芸術・宗教・哲学の秘密は人間学にあると言うことができるであろう。ヨーロッパ近代の最大の哲学者カント（1724-1804）も人間学を人間の本質に関する根本問題を論じる哲学一般の基礎的学問であるという。彼によると哲学の全分野は人間学に還元できる。(1) ところが彼が書いた『実用的見地における人間学』という書物は、人間の実際的な知識について洞察が深いが、実践的な諸問題を論じ、人間を理論的にその全体的本質を問う自己の提出した根本問題に取り組んでいない。

人間の本質についてのカントの問いとためらいについて、現代のもっとも著名な哲学者ハイデガー（1889-1976）は『カントと形而上学の問題』の中で触れ、カント（1724-1804）の問いは、人間が何を知り、為し、希望することができるか、という彼の最初の三つが、人間の有限性にかかわり、たとえば「わたしは何を知ることができるか」という問いは無知という制限を含んでいる。それゆえ終わりの第4の問いである「人間とは何か」は、「人間における有限性」への問いとなり、現存在自身の本質に関する問いである、と解釈する。これはカントの「超越論的人間学」の変化した形式、つまり人間学に代わって、ハイデガーは形而上学の基礎づけとして「基礎的存在論」によってくり返し考察されなければならない、と主張する。

またヘブライ人の哲学者であるブーバー（1871-1965）の『人間とは何か』という書物に見られるいっそう適切な解釈によれば、形而上学のさまざまな問題が人間への問いとして一つにまとまるのは、人間の有限性と同様に無限性にも関与していることによってであるとカントは考えているからである。カントの問いをハイデガーは「何をわたしは知ることができるか」と、わたしの有限性に集中させて論じているが、実際はわたしがある事柄を知りうるのみならず、わたしの知る対象が何であるかを自問できることを述べている。したがって、わずかしか知りえない事実によって示される人間の有限性には、人間が元来知りうる事実によって付与されている無限性への関与が不可分に結びついているとブーバーは説いた。

カントの問いに対する解釈のみならず、今日、人間に関する諸科学は巨大な成果をもたらした。だが、このような知的素材を支配し、組織する方法も、人間の本質についての認識も、あまり進歩していない。そこで現代における人間学の創始者シェーラー（1874-1928）は、『人間と歴史』という論文の中で、人間学の現況を次のように明瞭に語っている。

いかなる時代といえども今日におけるほど人間の本質と起源についての諸見解が不確実で曖昧で多様になったことはない。……おおよそ一万年の歴史のなかで、わたしたちは人間が徹底的に自身にとって「問題的」となった最初の時代にいる。この時代のうちにあって人間は、人間とは何であるかをもはや知らない。しかし同時に、自分がそれを知らないことを知ってもいるのである。そこで、一旦この問題に関する一切の伝統をすすんで完全な白紙に還元し、最大限の方法的な無関心と驚嘆とをもって人間と呼ばれる実在を眺めるようになった暁にのみ、わたしたちはもう一度確固たる洞察に到達することができるであろう。(2)

人間が極度に問題的となった今日的な状況の中で人間の本質について考察を開始するに際し、「人間の自覚史」を辿って「神秘的、宗教的、神学的、哲学的人間論」によって紛糾している事態から自由になって、具体的人間を対象とすべきであろう。このように考えてシェーラーは人間に関する五つの理想型、つまり宗教的人間、理性的人間、技術的人間、生命的人間、人格的人間の五類型を提示して論じる。

ところで、このような「人間の自覚史」も迷路のように紛糾しているとしたら、これを省りみる必要はないであろうか。事実、人間に関する近代の説は知的中心を失い、完全な思想的な無政府状態に陥っているといえよう。以前でも、人間に関するさまざまな見解と学説のひらきは大きく対立していた。しかし、それにもかかわらず、一般的な方向と論じ方の様式はきまっており、個人的な差異はこの形式の中におさまっていた。つまり哲学の主題は伝統的には神・世界・人間の三者であり、この主題も歴史とともに中心的位置を変えている。古代人にはコスモスが中心であり、中世人には神が中心であり、近代人には人間が中心であった。世界・神・人間が三大テーマであった。これによって形而上学、神学、数学、自然科学（とくに生物学）、歴史・社会科学そして心理学が、人間についての思想上の指導権を次々に掌握し、その研究方向を決定してきた。しかし、今日では状況は異なっており、研究の中心的な方向が世界観的に分裂し、現代諸科学によって解明された事実の富は必ずしも思想の富ではなく、そこには理解に不可欠な知的中心が見られない。それぞれの立場から研究は進められていても、これらの世界観的な諸傾向が企図していた学説を検討するならば、人間性の統一というものはきわめて疑わしきものであり、経験的事実として提示されているものも最初からある先入見、つまり任意の個人的な世界観的な前提を含んでいる。このような特定の思想が決定的役割を演じており、そこには個々の著者の気質と傾向性が研究方向を決定している。たとえば、ニーチェ（1844~1900）は権力意志を宣言し、フロイトはリビドー（日常的には性的欲望または性衝動と同義。）を強調し、マルクス（1818~1883）は経済的要因を主張する。ここから下部構造一元論的にいっさいを解明しようとする結果、経験的事実は牽強《けんきょう》付会《ふかい》（自分の都合のいいように、強引に理屈をこじつけること。）にも自己の学説の中に無理に押し込められるか、または切断されてしまう。このようにして人間の顔《かんばせ》は歪められてしまったのである。

人間のイメージがこのように無数の理論によってぬりたくられて歪んでしまっている以上、問題的になった人間という対象を今日再考するためには、すべてを白紙に還元し、厚いヴェールによって蔽《おお》われた仮面をはぎとり、人間と呼ばれる実在の素顔を直視することから開始すべきであろう。

だが、人間は自然的事物とは違って人間的世界、つまり歴史的・文化的世界によって規定されている。人間は生まれながらにして特定の両親の間に置かれ、幾重にも重なる人間関係の中に立たされている。それゆえ「純粋な人間」といった所謂形而上学的はホムンクルス〔人造人間〕は存在しない。人間の現実存在は社会的歴史的内実によって満たされ、形成的な社会の形成的要素としてみずから歴史に関わっている。この人間の歴史は哲学・宗教・文学の中に足跡を残しており、思想史的な考察が人間の自覚史に対して決定的意義をもっている。

2　ヨーロッパの世界像の形成と崩壊

すでに指摘されたように、存在するものの全体は、伝統的に神・世界・人間に区分される。だが、歴史的にいうと、ギリシア初期の哲学は自然的コスモスとしての世界の経験から始め、そこで神聖視された世界が次にキリスト教の神と創造の教説によって非神聖視され、最後に近代になると、存在者の全体は人間の自意識から構成される。ソクラテス以前の哲学者たちは神聖な秩序世界（コスモス）から出発し、コスモスに神的なものを認めても、人間は不死の神々とちがって死すべきものである。ソフィストの出現によってコスモスと人間世界つまりポリスとの隔たりが意識され、さらにソクラテスによって、人間そのものの精神の自覚にまで達する。ここからギリシア世界は、コスモス・ポリス・プシュケーから成る同心円的三重構造をもって把握されていると言えよう。しかし、全体としてこれを見るならばコスモスが圧倒的優位を保っていた。ところ

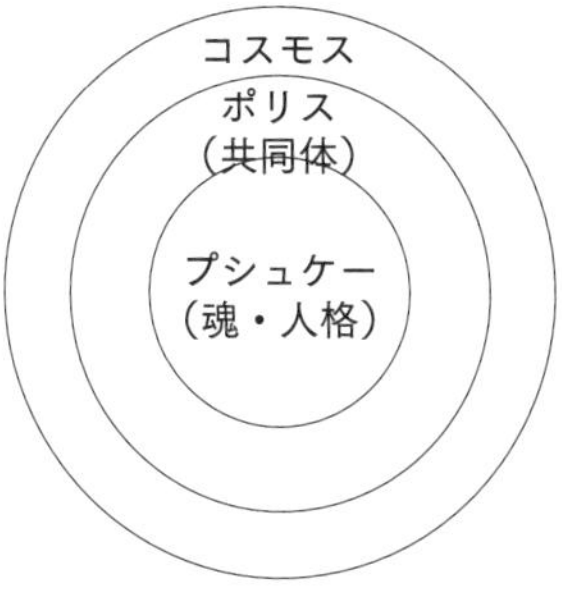

がギリシア的コスモスは、キリスト教の創造神に対する信仰によって非神聖化され、世俗化され、現世的権力の支配する世界に変貌する。こうした現世の権力に支配されていた人間は、神の恩恵によって救済され、人格神との交わりの中に人間も世界の一部分ではなく、世界に対し独立した人格となる。ところが、この神への依存関係を断ち切って自主独立せる個人として自らを確立するのが近代人である。たとえば、デカルト（1596~1650）は自分が疑った感覚的世界を思惟する人間の疑いない事実から再構成するのみならず、神の存在をさえ、自己の不完全性を自覚する人間の意識の中に見いだされる「最完全者」の観念から証明する。ギリシア人もキリスト教徒も、神と世界についてこのようには考えていなかった。近代人は自己自身から出発し、カントが行なったように、世界を一種の「宇宙論的理念」、神を「実践理性の要請」と見たり、さらに今日に至ると神を不在のもの、また「神の死」を考えたりする。

それでは、存在の全体は神・世界・人間のいずれに帰すべきであろうか。だが、何によって神・世界・人間のうちの一つが全体の真理であると判定できるのか。現代の哲学者レーヴィット

（1897〜1973）は『世界と世界史』のなかで、歴史的な解答は相対的であるから、いずれの立場を採るべきかを決定できない、と語り、ソクラテス以前の世界に立ち返るべきであるという彼の見解を秘めながら次のように言う。

この困難から抜ける出口は一つしかない。目に見える世界か、神の言葉か、自意識のある人間のいずれかを信頼しなければならない。しかしもっとも信頼のできない、当てにならないのは、むらっ気な人間である。そこで残る選択は、自然的世界と聖書の伝承による神、すなわち、世界の外なる神のいずれかにするほかない。ところが、その神は信じられるだけで見られも知られもしないし、哲学は知ろうとするものであって信じようとするものではないから、神と世界の二者択一は可視の世界に限定されてくる。(3)

神は不可解であり、人間は当てにならないから残るは自然的世界だけであると彼は主張する。彼はもっとも相対的なものである歴史と人間を結びつけて考察する歴史主義を拒否し、ギリシア的な自然経験と観照的な生活へと復帰しようとする。ところで歴史と人間との相即はキリスト教信仰に由来するものであり、アウグスティヌス、パスカル、カント、キルケゴールを経てハイデガーに及ぶ西洋思想史上の内面的連関にその傾向が顕著に見られるものに過ぎないと彼は力説した。

だが、人間は当てにならないので、神と世界との二者択一しか残っていないのであろうか。神・世界・人間の三者のいずれか一つを選ぶことよりも、三者を統一的に理解すべきではなかろうか。そうすると「人間は神と世界との間に立つ存在である」ということにならないであろうか。歴史的には世界から神へ、神から人間へと中心が移行したが、この移行は神と世界の間に立つ人間の自覚の変化ではなかろうか。人間は自然的意識においても直接自己自身に向かうよりも、まずは世界に面して立っている。彼は自己の前に広がる世界を意識する。しかし、世界といっても、自然の世界それ自身よりも、人間的世界という社会的、歴史的世界の中に自らが置かれていることを意識する。この世界はもっとも身近な共同世界であるが、これを正しく認識するのはもっとも困難である。この世界は単なる自然界とは異なる歴史的世界であって、具体的内容を伴った組織や形成過程にある形態であって、そのもっとも重要な形態として国家、民族などの社会共同体があげられ、さらに法律、経済、交通、文化、世論などが活動的要因としてあげられる。世界に生きるとはこのような現実の中に立つことを意味する。

ところでヨーロッパの思想史は一つの崩壊過程を辿って展開する。ギリシア的世界はコスモス・ポリス・プシュケーの同心円的三重構造をもっていたが、まず外側のコスモスから崩壊し始め、ポリス（共同体）とプシュケー（魂・人格）にまで進む。そこにはキリスト教の創造神によるコスモスの非神聖化が生じることで、神と世界との間に立つ人間の位置が明らかになった。このように崩壊したコスモスは近代的宇宙の発見によって新しい世界を見いだす。このような宇宙論的次元での出来事に続くのが共同体の崩壊という社会学的次元での出来事であり、そこには近代的自我の確立が起こっている。しかし他者と共同して生きることを拒否することによって近代的個我は自らの人格の崩壊にみまわれ、生きる意味と価値の喪失をきたし、ニヒリズムに終焉するといえよう。このようにコスモス・ポリス・プシュケーの三重構造が絶えず崩壊してゆく過程が歴史の歩みである。

ヨーロッパの思想史を通して人間は「神と世界との間に立つ存在」であることが解明できるが、これは一つの仮説であって、その内実は今日では自明なことではない。ここに人間についての研究が知的中心を喪失している真の原因があると思われる。

3　ヨーロッパ思想史から人間学を再考する

わたしはヨーロッパ思想史を研究してきて、人間における感性が重要な意味をもっていることを学ぶことができた。そこでこの点について先ず立ち入って考えてみたい。

ヨーロッパ文化は少なくともギリシア文化とヘブライ文化との二つの源泉をもっており、その総合としてゲルマン民族によって形成された。ところが、この源泉となっている二つの文化の特徴をわたしたちは感性の器官である「眼と耳」によって示すことができる。

(1) ギリシア人は「眼」の国民である

ルーブル美術館に入っていくと、ひときわ目立っている作品は、古代ギリシアが誇るミロのヴィーナスとか美しいニケの彫像であって、このことを考えてみると、彼らが眼の国民であることが納得できるのではなかろうか。

一般にギリシア人は知性的な文化を創造したと言われている。そこでは理性が主導的な役割を演じていると考えられる。しかし、後の哲学で大きな役割を演じているヌース(理性・悟性)は実は視覚から発展してきたのである。ヌースは動物にはない人間の特性であるが、感性的な要素を伴ってホメロスでは表現されている。それは眼との類推から把握されていた。つまり「知ること」(エイデナイ)は「見ること」(エイディン)に属し、「見てしまっていること」を意味しており、眼によって経験が採り入れられた。したがって知識を獲得すると言うことは見るとか聞くとかいう感覚的知覚と一つになっていた。しかも視覚はまず受動的な傾向を帯びていて、知ることは人間的な行動というよりも事物が人間の中に入り込んでくることを示している。たとえば「あるものを〈眼を使って〉見るとは言わないで、眼〈の中に〉、あるいは〈眼の前に〉見る、ということが言われる。〈認識する〉や〈了解する〉もまた、まだかなりの程度、感覚的な統覚との類推に基づいて解釈されている[4]」。

実際、哲学者アリストテレス（Aristoteles, 384~322 BC）も「すべての人間は、生まれながら知ることを欲する。その中でも最も愛好されるのは、眼によるそれ［つまり視覚］である」と『形而上学』の冒頭で宣言する[5]。この「見る」という感覚作用は真実をよく「見通す」ことをも含意し、そこから理論的認識に到達することがめざされた。プラトンが説いた「イデア」は「見られた姿」という意味で、後になるとそれは「観念」や「概念」の意味をもつようになった。その最初の作用は見るという「観照作用」（テオレイン）であって、そこから諸々の「理論」（セオリー）として諸学が誕生したのである。

人類の精神史上ギリシア民族で最初に他の感覚に対する視覚の優越性が支配するようになった。この優越性こそこの民族に造形文化を創造し、文化を目に見える形像の上に築くことを可能にした。つまり、光によって捉えられる感覚的印象を素材とし、視覚だけがなしうるような仕方で明瞭に対象化された視覚的世界像が誕生し、他の感覚による経験はこの像の中に、いわば、後から運び込まれる。このような視覚の優越性は一貫してアリストテレスの哲学をも支配している。この視覚は遠隔意識を生むがゆえに、人間をも対象化して世界の中における一つの対象と見ることを可能にする。それゆえ哲学的人間学の歴史を考察した、ベルンハルト・グレトゥイゼン（1880~1946）は、その著作『哲学的人間学』（1931年）の中で、アリストテレスについて「人間はここでは問題的であることを止めている。ここでは、人間は、いわば、つねに第三人称における自分について語っている。人間は自分自身にとって〈一つの例〉にすぎないのであり、彼自身を〈わたし〉としてではなく、ただ〈彼〉として意識している[6]」ときわめて正当にも語っている。人間は単純に世界の中に包含されており、コスモスという世界住居の中で自己の安定した地位を獲ている。

（2）ヘブライ人の「耳」

これに対してヘブライズムでは反対に「耳」が最も重んじられてきた。まず、ヘブライ人の間ではギリシア神殿に満ち溢れてた美しい神々の像を刻むこと自体が最初から禁じられていた。十戒の第二戒には「あなたがたはいかなる像も造ってはならない」（出エジプト20・4）と戒められている。実際、この十戒が与えられたとき人々は神の声を聞いてあまりに恐かったので、神がモーセを通して語ってくれるように切願したほどであった（同20・18―19）。しかし、神の言葉を聞いて生きるのが人間本来の姿である。それゆえ預言者イザヤは「恐れるな、わたしはあなたをあがなった。わたしはあなたの名を呼んだ、あなたはわたしのものだ」（イザヤ43・1）と語っている。実に聖書は神がその天地創造の初めから「光あれ」と語ったと述べているし、戒めを犯してエデンの園の茂みに隠れた最初の人アダムに向かって「あなたはどこにいるのか」と直接に語りかけている（創世記3・9）。したがってイスラエル人は見えない神の声を聞いて信じる「耳」の国民であったといえよう。このことは神の言葉に聞き従って、目的地も知らないままに、旅立ったアブラハムにも認められるし（ヘブライ11・8）、「耳のあるものは聞くがよい」と繰り返し語ったイエスの言葉にも窺える（マタイ13・9、43）。一般的にいって聴覚は視覚よりも近接感覚である。そこには人と人との一定の距離に立った関係という対話的な親密な間柄関係が創造された。それゆえパウロは「実に、信仰は聞くことにより、しかも、キリストの言葉を聞くことに始まる」（ローマ10・17）と語った。このような聞く耳の重要性は次のルターの言葉によっても適切に述べられている。

キリスト者の名にふさわしい行いとは一体なになのかとキリスト者に問うとすれば、神の言葉をきくこと、すなわち信仰ということよりほかに絶対に答えることができない。したがって耳だけがキリスト者の器官であるというのは、からだのいかなる部分の働きによるのではなく、信仰によって義とされ、キリスト者と定められるからである。(7)

(3) ヘルダーの言語論における聴覚の機能

聴覚は音を聞き取る機能であるが、音声や音楽は人間にとって特別な意義をもっている。これらによって人間的な世界が現象するからである。音声は「文字」という「記号」体系に変換されて「意味」を伝達する。音や記号は物理的であるが、意味は精神的である。この意味を運んでいる記号こそ「象徴」(シンボル)である。(8) 聴覚による知覚には記号と意味とをつなぐ象徴の機能があって、この機能のゆえに音声がわたしたちに、音素に分解されるのではなく、分節からなるまとまりをもつ形態で、言語は意味を伝える分節言語や命題言語として与えられる。(9) 同じく視覚の場合でも人はサイン(合図)やシグナル(信号)などに物理的に反応するのではなく、それらをシンボルによって捕捉しながら人間的な意味の世界に生きる。人間に備わっている象徴機能は感受系と反応系と間を結ぶ機能的円環の作用であって、わたしたちはただ物理的宇宙ではなく、シンボルの宇宙に住んでいる。この宇宙は神話、芸術、宗教によって与えられる。
ところで聴覚は触覚と視覚の中間に位置している。このことを初めて明らかにしたのはヘルダー（Johann Gottfried von Herder, 1744 ~ 1803）であった。彼は聴覚と音声の関係から聴覚を触覚と視覚に対比して次のように論じている。

聴覚はある仕方でかれの諸感覚器官の中間器官、魂へのほんらいの扉、その他の感覚器官の結合帯となった。聴覚が人間の諸感覚器官の中間器官であるとは、外部からの感覚性の範囲についてである。触覚はすべてを自分の内部、自分の器官のなかで感ずる。これに対して、視覚はわれわれをかなりの距離にわたって外部へ投げ出す。しかし聴覚は伝達度において中間に位する。これは言語に対してどんな効果を及ぼすだろうか。触覚が主要感覚器官であるような生物……の世界はいかに小さいであろうか。……また眼そのもののような生物の場合、その見る世界はいかに無尽蔵であり、それはいかに果てしなく遠くまで自分の外部へ投げ出され、いかに無限の多様性のなかへ分散されてしまうことだろうか。……われわれ聞く耳をもった生物は中間に位する。(10)

このようにヘルダーは人間の特質を聴覚による言語活動に求めた。見事な指摘である。確かに近代人の意識は自然科学の長足な発展と相まって無限の世界に開かれた。このような認識のためには視覚がもっとも優先され、観察による膨大な資料が組織的に蓄積されていった。これに対して、聴覚を優先させたヘルダーは、言語の起源と本質を単なる観察による認識を超える領域で把握した。彼はさらに音楽という非言語的な領域にまで考察を進める。音楽は演奏によってのみ自律し、歌詞や演奏指示からだけでなく、礼拝・式典・祝祭・文芸・舞踏・黙劇・身振りからも自由となっている。それでは音楽とは一体何かと彼は追求し、「それは敬虔である」という。それはどういう意味なのか。彼によると「敬虔とは、人間を、そしてまた人間の集いを、言葉や身振りを超えて高めるものである。かくして人間の感情にとっては、純粋な音以外のなにものも残らないのである」[11]。ここでヘルダーが敬虔主義の教育を受けた精神にしたがって音楽の本質を言い表すために選んだ「敬虔」(Andacht)とは、人間における宗教的で内面的な高揚の姿を示している[12]。したがって言葉にならない何者かが眼と耳の彼方に魅力的な深淵さをもって臨んできているといえよう。

この契機が伴われているがゆえに音は耳に衝撃的な「侵入性」をもって聴かれる。視覚と相違して聴覚には客観的な距離という契機が弱められる。音は迫ってくる。眼が閉ざされると何もなくなるが、耳をふさいでも音は、否応なしに侵入してくる。音はいかに遠くから来ようと近くで悩まそうと、聞き取られるや否や内在的な遠さという契機を喪失する。見ることと触れることに対して意識は知覚作用を変更できるが、この構造関係は聴覚には通じず、耳は眼ほどには知覚を閉ざすことができない。この侵入性について独自な人間学を開拓したプレスナーは次のように語っている。

侵入性——強さとか激しさという意味でのそれではない——は、聴覚的な様相の構造特性である。侵入性は量と衝撃で表示されるが、その場合、かさばるものという契機は他の感覚領域にも適合する。というのは充溢はただ通様相的にのみ体験されるからである。しかし、衝撃性の契機という必然的な脈絡のなかで充溢を特徴づけるのは聴覚的様相だけである。これら二つの契機はリズムという現象の中で融合している。[13]

プレスナーの言うリズムをともなった言葉の響きこそ、ペルソナ（persona）、つまり「響き渡る」（per-sonare）作用であり、これによって人格化が生じる。[14]

4　人間学のキリスト教的三区分法の意義

このような聴覚の侵入性は対話的な適切な人格関係の場では予想外の作用をもたらし、イエスとサマリアの女の間に起こったように（本書151頁を参照）人間の霊性にとくに働きかけてくる。ここに人間に独自な作用が生じ、人間の生の豊かさが歴史の中で展開し、人間学の宝庫となった。

わたしはヨーロッパ思想史から重要な人間学的な区分法として霊・魂・身体の三区分法を学んだ。それはエラスムスの『エンキリディオン――キリスト教戦士必携』から教えられた。そこには哲学的な「精神・身体」の二元論とは基本的に相違する、キリスト教的人間学の三分法、つまり「霊・魂・身体」(spiritus, anima, caro) を、彼が「オリゲネス的な人間の区分」として著作に導入したことに始まる。この三分法はルターによっても採用され、カルヴァンもこれに倣ったので、三人の宗教改革者に共通するものとなった。ルターがそれをもっとも明快に説いたので、彼の文章をここに引用しておきたい。

第一の部分である霊 (geist) は人間の最高、最深、最貴の部分であり、人間はこれにより理解しがたく、目に見えない永遠の事物を把捉することができる。そして短くいえば、それは家（haus）であり、そこに信仰と神の言葉が内住する。

第二の部分である魂（seele）は自然本性によればまさに同じ霊であるが、他なる働きのうちにある。すなわち魂が身体を生けるものとなし、身体をとおして活動する働きのうちにある。……そしてその技術は理解しがたい事物を把捉《はそく》することではなく、理性（vornunfft）が認識し推量しうるものを把握することである。したがって、ここでは理性がこの家の光である。そして霊がより高い光である信仰によって照明し、この理性の光を統制しないならば、理性は誤謬なしにあることは決してありえない。なぜなら理性は神的事物を扱うには余りに無力であるから。……

第三の部分は身体（leip）であり、四肢を備えている。身体の働きは、魂が認識し、霊が信じるものにしたがって実行し適用するにある（WA. 7, 550）。

この区分法によってわたしはヨーロッパにおける人間学の歴史を心身論の観点から考察することができただけでなく、霊性を機能論的に解明することもができた(15)。

このように人間学は思想史と結合することでもって、単なる哲学的な人間学よりもいっそう豊かな総合的な人間学をこれからも確立することができると、わたしは確信している。

注

（1）「一、わたしは何を知ることができるか。二、わたしはは何をなすべきか。三、わたしは何を望むことを許されるか。四、人間とは何か。第一の問いには形而上学が、第二の問いには道徳が、第三の問いには宗教が、そして第四の問いには人間学が答える」。さらに「最初の三つの問いは最後の問いに関連しているから、結局、わたしたちはこれらすべてを人間学と見なすことができよう」。

（2）シェーラー『人間と歴史』亀井裕、安西和博訳、『哲学的世界観』「シェーラー著作集13」白水社、128頁。

（3）レーヴィット『世界と世界史』川原栄峰訳、岩波書店。

（4）スネル『精神の発見』新井靖一訳、創文社、548―549頁。

（5）アリストテレス『形而上学上』出隆訳、岩波文庫、21頁。

（6）Bernhard Groethuysen, Philosophische Anthropologie, 1969 2Auf. S. 45-46.

（7）『ヘブル書1～11章講解』岸千年訳、『ルター著作集、第2集、10巻』聖文舎、364頁。

（8）「象徴」というギリシア語「シュンボロン」は、一つのものの相合う両半分である「割符」を意味している。しかし、そこには使用する人のあいだに約束が交わされる必要があり、シュンボロンはその証拠たる「しるし」として用いられた。だが、「赤」という言葉は少しも赤くないように、「しるし」と「もの」の間は直接対応しないで、記号化は非類似にまで発展している。

（9）このシンボル機能の発見はたとえば聾唖にして視力も失われていたヘレン・ケラーの体験によって明瞭にされる。彼女は手で書き示された「水」（water）という触覚言語が「冷たい水」を意味することを発見した。

（10）ヘルダー『言語起源論』木村直司訳（大修館書店）80―81頁。

（11）ヘルダー全集、第二版、第19巻 1827, S. 15f.

（12）シュティフターは言う、「たしかに音楽はこの世でただひとつ天上的なものだ。こう言ってもよければ、音楽は私たちを清めてくれる宗教の地上の姉妹《きょうだい》だ。私たちがそれを聞く心をもっているなら、私たちは高められ、この上もなく仕合わせにしてくれる」（『森の小道・二人の姉妹』山崎章甫訳、岩波文庫、275頁）と。そこにはたんに高まった情緒的な表出のみならず、無限の深みの彼方から語りかけてくる他者の存在が暗示されている。

（13）プレスナー『感覚の人間学』（講座「現代の人間学7　哲学的人間学」白水社、１９７６）、242―243頁。聴覚のもたらす外からの侵入性が他者に充実な体験となるには他者のうちに活気に満ちた印象を与えなければならない。この点に関してプレスナーは次のように続けて説明して言う「……色彩と形態におけるあらゆる継起とあらゆる変転は、回帰する秩序をたった一目で体験させる。この秩序は活気に満ちた印象を作ることができるし、またそれを勢いづけることも鎮めることもできる。けれども、この秩序をリズミカルと特性づけることは、聴覚運動性の本来の領域からの転用に基づくのである」。

（14）わたしたちは目で見た文字を発音し、音に変えて、初めてその意味を聞き取っている。見たものは視覚による一定の距離があるが、それを「声」に出して「聞く」と「心に響き渡る」出来事が起こってくる。この「心に響く」はラテン語で personare と言われる。この声の中に「人格となる」作用が起こり、人格的な対話は偉大な出来事を生み出す。この意味をはじめて発見したのはフランクルである。その著作『識られざる神』佐野利勝・木村敏訳（「フランクル著作集7」みすず書房、1957）、175頁を参照。

（15）金子晴勇『ヨーロッパ人間学の歴史』知泉書館、2008、『現代ヨーロッパの人間学』知泉書館、2010、『キリスト教霊性思想史』教文館、2012を参照。

1　ヨーロッパ思想の三つの柱

はじめに

わたしたちは先ず「ヨーロッパ」という名称について考えてみよう。それはもっとも古くはギリシア神話のエウローペに由来する。テュロス王アゲーノールとテーレパッサの娘エウローペーが野で草花を摘んでいたとき、彼女は最高神ゼウスに恋され、牡牛に姿を変えたゼウスの背に乗せられてクレータ島に連れ去られた。ヨーロッパの起源はここにさかのぼる。図像学的にはローマ神話でのアイネイアースの子アスカニウスの娘であり、トロイア人がローマを征服したとき、パラーティーヌの丘に神殿を建てた女神をあらわす。中世においてはヨーロッパは学問の女王を象徴的に表わし、スコラ学を完成させ、多くの有益にして才能ある学問、とくに航海術を発展させている。水乃江有一『図像学事典——リーパとその系譜』（岩崎美術社、1991）によると、リーパ（Cesare Ripa, c. 1560 – c. 1622）の図像には「ヨーロッパは世界のほかの地域を導く。それはもっとも肥沃であり、あらゆる活動に物資を提供するからである。そこでの人間自体ももっとも才能と知性にすぐれ、真の神を敬う」との説明が記されている。また背景には、キリストの像を中心に、光輝なる聖堂が描かれている。その頭上には三位一体を示す三角形が描かれ、あらゆる光の源になっている。周囲に立つ像は左から順に、祈祷・信仰・慈愛・希望である。聖堂のなかにはローマ教皇・皇帝・国王のための冠が置かれている。キリストへの信仰・知性・芸術がいつもこれらの地域を支配してきたことを表わしている。したがってヨーロッパは信仰と完全に一体化されて考えられていた。

歴史的にいうとヘレニズム初期の頃までは、ときにヨーロッパの名が使われても、漠然としており、おおむねその地域はエーゲ海の周域を大きく超えるものではなかった。アレクサンドロス大王の関心も東方にのみ向かっており、西方には無関心であった。ただ、その重臣でマケドニアに残留したアンティパトロスは、「ヨーロッパの将軍」と呼ばれ、マケドニア、トラキア、テッサリアやギリシアを統率していたようである。一般的にいってパクス・ロマーナ時代を含め古典古代の全期間を通じてヨーロッパという名は、今日の用法とはずれており、地中海世界のみが存在し、ヨーロッパは一定の地域の名と言うよりは、ある漠とした感覚に過ぎなかった。

1　古典文化の理性とキリスト教の霊性の接触

一般的にいってどのような文化にも統一的な型が必ず存在する。ちょうど人間の行動がその様式においてどれほど多様であっても、自己のうちに中心をもっている人格である以上、各個人には行動の基本線があり、統一的な形や型ができあがり、自然に備えられているように、個々の文化の中にも統一的な形や型が形成されており、そこに文化の類型化が生じているといえよう。したがってヨーロッパ文化は独自の型をもっており、しかも古典文化とキリスト教とが歴史を通して統合化されることによって形成され、強固な文化的伝統を生み出したのである。この伝統となった文化的型は歴史的な形成物であるといえるが、形成以前にそれ自体の内に統一体・秩序・社会的組織・法とを備えており、その上で、一つの文化が他の文化と接触するときに、自己の可能性を越える文化的要素を受容しながら、文化変容を起こし、自己の文化を新たに、かつ、豊かに形成していくことが起こる。ここでは両者の特質を簡単に指摘しておきたい。

二つの文化の特質

ギリシア文化の遺産はローマに流入して変容し、そこから間断なくキリスト教社会に受け継がれている。古代の歴史はすべてローマに流入し、ここからヨーロッパ文化も形成されたからである。そこではギリシア語とラテン語による世界文学、ローマ法の集大成、アウグストゥス以来の帝制と行政組織の形成、およびキリスト教の世界宗教としての地歩の確立などがなされた。しかし、ギリシアからの文化受容は、アリストテレスの哲学のように、イスラムを経由して13世紀のヨーロッパに伝達されたし、14世紀末からギリシア語の大量の典籍がヨーロッパにもたらされ始め、ルネサンス以来のヨーロッパ・人文主義を開花させている。人文主義（ヒューマニズム humanism）はもとフマニタス（humanitas）に由来し、ギリシア語のパイディア（paideia）、つまり若いときから培うべき「教養」もしくは「文化」を意味していた。この教養課程は12世紀以来「七つの自由学科」として定着し、とりわけ修辞学が重要視され、教養形成の基礎となった。

ギリシア文化の特質　ところでギリシア人は「眼」の国民である。その点は本書の序論で述べたので、繰り返す必要がないが、ギリシアが誇る彫像には、ミロのヴィーナスとか美しいニケの像を見ても分かるように、美的な視覚像が際立っている。事実、哲学者アリストテレスも「すべての人間は、生まれながら知ることを欲する。その中でも最も愛好されるのは、眼によるそれ[つまり視覚]である」と強調するように、「見る」（テオレイン）というのは「観照」（テオリア〔主観をまじえないで物事を冷静に観察して、意味を明らかに知ること。〕）であり、そこから「理論的認識」が生まれる。こうしてギリシアで初めて世界を冷静に見て考察する天文学や幾何学がおこり、理性的な人間像「ホモ・サピエンス」(homo sapiens)が支配する文化形態が生じてきた。

キリスト教文化の特質　ところでキリスト教の母胎はヘブライ思想であった。ここではギリシア人とは反対に「耳」が、先に指摘したように重んじられていた。ここでは神の言葉に耳を傾けて聞くことが強調され、人格的な関係に立つ行動様式が確立された。実に聖書は神がその天地創造の初めから「光あれ」と語ったと述べているし、戒めを犯してエデンの園の茂みに隠れた最初の人アダムに向かって「あなたはどこにいるのか」と直接に語りかけている。このことは楽園追放後でも変わらない。だから預言者イザヤは言う、「恐れるな、わたしはあなたをあがなった。わたしはあなたの名を呼んだ、あなたはわたしのものだ」(43・1)と。したがってイスラエル人は見えない神の声を聞いて信じる「耳」の国民であったと言えよう。ここでは「聴いて信じる」という信仰が支配的な人間観となり、人格的な神に対し信仰をもって関わることが強調され、人格的で宗教的な文化が形成された。したがってヘブライ的人間像は「ホモ・レリギオスス」(homo religiosus)に導かれた文化形態である。

両文化の統合　では「ホモ・サピエンス」と「ホモ・レリギオスス」とは、いかにして統合されるのであろうか。前者の形成原理は「理性」であり、後者の統合原理は「信仰」もしくは信仰の受容機能である「霊性」である。両者は人間のもとでは認識するのに不可欠の二つの部分である。それゆえ文化統合は人間自身において遂行されるべきであり、これが思想において起こり、思想文化として結実する。

歴史的にいうと両文化の接触は、旧約聖書の知恵文学の頃から起こり、ヘレニズム時代のギリシア語で書かれた新約聖書ではギリシア文化の影響が随所に見られ、それは使徒後の教父たちのもとで一段と進み、キリスト教古代に属するキリスト教教父の思想では両者の総合が大胆に試みられるようになった。

2　ヨーロッパ文化を形成した三つの柱

それではヨーロッパ文化に特有な型とは何であろうか。それはヘレニズムとヘブライズムという二つの文化的源泉をもち、ゲルマン民族によって両者が統合されて歴史的に成立している点に求められる。したがってヨーロッパ文化はヘレニズムとヘブライズムおよびゲルマン民族という三つの柱からなる建造物なのである。それゆえ、三つの柱のいずれを欠いてもヨーロッパ文化とはいえない。

それでは「ホモ・サピエンス」と「ホモ・レリギオスス」とは、いかにして統合されたのか。前者の形成原理は「理性」であり、後者の形成原理は「霊性」もしくは「信仰」である。両者は人間においては自己を成立させている二つの不可欠の部分である。それゆえこのような文化統合は人間自身において遂行されるべきであり、これが思想において起こり、思想文化として結実したのである。

この総合の試みはキリスト教古代ではアウグスティヌス(Aurelius Augustinus, 354~430)によって完成するようになった。これは彼のキリスト教への回心とキリスト教の教えを完成させた試みの中に見いだされる。さらのこの試みは「中世」(Medieval Age)を通して進行していった。この「中世」という言葉は、一般には、古代と近代との「中間の時代」を言うのであって、その時代の区分は、古代の終わりと近代の始まりの確定によって決定される。

古代ローマ帝国の崩壊はゲルマン、フランク、ブルグンド、東西ゴートなどの諸民族の帝国内への侵入に始まる。帝国の全盛時代にゲルマン民族などは蛮族として帝国の境界線であったライン・ドナウの北側に居住し、帝国の大きな脅威ではあったが、四世紀末のフン族の来襲を契機として帝国の防御線が突破され、彼らは民族の大移動によってローマの領土に侵入した。こうして西ローマは滅亡するようになるのであるが、「永遠の都」ローマがアラリクス(ALaricus)の率いる西ゴート族によって攻略された410年という年は古代の終末の開始を告げる出来事となった。だが、そこから同時に中世への最初の第一歩も始まっている。こうしてゲルマン民族がキリスト教を受け入れたため、ギリシア・ローマの古典文化とキリスト教との総合に立った「統一文化」が形成され、「ヨーロッパ」という政治的・文化的統一体が成立するにいたった。

歴史家ドーソン（C. H. Dawson, 1889–1970）は、ギリシア・ローマの古典文化、キリスト教、ゲルマン民族という三つの要素の融合によってヨーロッパが文化的生命体として形成されたことを強調する。彼はその主著『ヨーロッパの形成』のなかで「暗黒時代」と呼ばれる中世こそヨーロッパ文明の歴史の上でもっとも重要な変革を成し遂げた時代であり、この時代ほど創造的な時代はなかったという。

この時代は既成の文化のあれこれの具体的表現に力を注いだのでなく、まさしく無からの創造活動に励んだ時代、換言すれば赫々《かっかく》たる精華を次々と開いていったヨーロッパ文化そのものの土壌と根幹を形成した時代であった。そして今日、この時代の真価が理解されにくい一つの理由は、皮肉にもこの時代の業績がひたすら創造活動に終始していたというそのことによるのである。(1)

この創造過程は目立たないが、徐々に成熟して来ており、華やかさはなく、この時代の精神は信仰という霊的原理であって、人間の業績としての文明を超える力を信じ、自らを虚しくして自己の使命に献身し、知らず識らずのうちに超人間的な活動に入っていった。この創造的活動をドーソンは民族的統一を超えるヨーロッパの文化的統一に見出している。

はっきりいっておくが、われわれの文化を支えている究極的な礎は、あれこれの民族国家ではなく、ヨーロッパ統一体なのだ。成程、この統一体は今日まで政治的形態を取るに至っていない。……それにもかかわらず、ヨーロッパ統一体は、民族より一段上の次元にあって断乎存在し、個々の民族を包括している究極的な統一、つまり現実の社会なのである。[2]

この統一体は現代ではEU（the European Union ヨーロッパ連合）において実現しはじめている。ドーソンは、これまでの歴史家が行なってきた個々の民族的な独自性の究明からヨーロッパに共通な統一文化の理解に転換すべきことを、中世の歴史に残る文化的・社会的遺産から力説している。実際、ヨーロッパはオーストラリアやアフリカのような自然的（地理的・人種的）統一体ではない。人類学的にも雑多な人種の混合体が長い歴史的・精神的発展の末に社会的統一体を形成してきたのである。それは中世において初めて基礎が据えられた。したがって、中世思想はこの古代的・民族的次元にもとづいた「閉じた社会」をキリスト教的な「神の国」の理念によって根本的に超克しようとするものである。したがってわたしたちは中世の思想家たちがこのような高次の社会的統一体である「開いた社会」をめざしている点を解明しなければならない。

ドーソンは、中世におけるこのような文化的統一体の歩みを、次の三段階に分けて考察した。

(1) 起源の段階　それは、ギリシア・ラテン文化の世界にキリスト教が入っていった時代で、ローマ社会とキリスト教が最初は厳しく対立する。その結果ローマ帝国のキリスト教への改宗とキリスト教的ローマ文化とが成立する。

(2) 発展の段階　教会によるゲルマン民族の教化と古典文化の保存がなされる。ゲルマン民族は自己の固有の文化と社会制度をもっていたため、キリスト教文化と対立し、緊張関係が続く。この対立は中世統一文化を破壊し、キリスト教以前の古い民族的伝統に復帰しようとする試みを現代にいたるまで起こさせている。

(3) 開花の段階　キリスト教は自己の力によって新しい文化を形成し、社会の基礎づけをなし、ヨーロッパ諸民族もこれにしたがって多彩な構造契機を新しい秩序によって統一する。これが中世統一文化である。

彼はまた社会現象としての宗教の形態にも注目し、(1) 古代社会のように宗教が民族の成立に不可分に結びついている場合と、(2) 完全に出来上がった文化・社会のなかに宗教が入っていく場合と、(3) 未完成の、途上にある文化のなかに完成した宗教の方が入り込む場合とを区別し、キリスト教の歴史は第三の場合の格好な事例であって、研究する価値がきわめて高いとみなした。(3)

3 ヨーロッパ世界の統一

ところで中世社会の成立とヨーロッパ世界の統一との関連はピレンヌ(Henri Pirenne, 1862-1935)の名著『ヨーロッパ世界の誕生——マホメットとシャルルマーニュ』によって学問的にいっそう明確にされた。この点を看過するわけにはいかない。この書物では(1) ゲルマン民族の移動をローマ世界内部において位置付け、(2) フランク王国をメロヴィング王朝とカロリング王朝とに社会構成上二期に分けて対照的に解明し、(3) さらにイスラムの進出によって地中海世界から北欧世界に中心が移って、ヨーロッパ世界の誕生となった、という、いわゆる「ピレンヌ・

テーゼ」が見事な叙述をもって展開された。このような彼の構想は、初期の研究『ベルギー史』全6巻でもって経済上の国際的交易活動にもとづくヨーロッパ内部の社会的発展について実証したこと、および第一次世界大戦時にドイツで抑留生活を強いられたときの共同生活の体験によって国境や民族を超えたヨーロッパ文化・社会の共通性を確信したことから発している。彼によるとヨーロッパの社会的統一はゲルマン民族の移動によっては何ら損なわれることなく、ローマ帝国の版図は北欧において失われたが、それでもゲルマンの諸王はローマの存続を願っており、ローマ人と積極的に融合したし、経済的にも地中海貿易によって一つの世界が保たれていた。このローマの統一を完全に破壊したのは、イスラムの進出であった。彼は言う、

ゲルマン民族の侵入がそのまま残しておいた地中海的統一を、イスラムが破砕し去った。このことは、ポエニ戦役以後のヨーロッパ史上に起こった最も重要な出来事であった。古代の伝統の終焉であり、中世の開幕であった。そしてそれはヨーロッパがまさにビザンツ化しようとした瞬間に起こったのである。(4)

この変化をピレンヌは政治、経済、文化の側面から考察し、メロヴィング王朝とカロリング王

朝との対比によって見事に叙述していく。こうして形成された中世封建社会はヨーロッパの統一世界を形造っており、弱体化した王権のもとに領主の割拠と教会司教領の拡大を伴いながら、広大な「キリスト教共同体」の成立を見るのである。

注

（1）ドーソン『ヨーロッパの形成』野口啓祐、熊倉庸介、草深 武訳、創文社、緒言2頁。

（2）ドーソン、前掲訳書、緒言10―11頁。

（3）詳しくは金子晴勇『人間の内なる社会――社会哲学的考察』創文社、59―64頁参照。

（4）ピレンヌ『ヨーロッパ世界の誕生――マホメットとシャルルマーニュ』中村 宏・佐々木克巳訳、創文社、228―229頁。

［談話室］　源泉志向 ad fontes の意味

ホルバイン作「エラスムス」1523を見ると、エラスムスは1516年の2月書見台の前に立って、その最新作である『校訂：新約聖書』の最初の頁に付けられることになる献呈の辞を執筆している。彼は次のように書いている。

キリスト教の再建と改善のための、いわば土台となる希望と聖なる錨は、地にあるキリスト教哲学の信奉者のすべてが福音的で使徒的な著作――その中にはかつて御父の心からわたしたちに到来した天上の言葉がなおも生き、息づき、扱われ、わたしたちとともに語っており、他のどこにもないように活動的にして造形的である――にもとづいてキリスト教の創始者の教えに沈潜することに依拠していることは全く明らかであるし、またあの救済の教えが遥かに純粋に、かつ生けるものとして血管そのものの中に見出され、沼とか脇道に入った小川からよりも源泉そのものから汲まれたのをわたしは知っています。それゆえ、わたしは新約聖書の全文を忠実にオリジナルなテクストにしたがって批判的に改訂しました。無責任であったり、労を省いたりしないで、多くのギリシア語とラテン語の手書き本を、しかも勝手に選んだ写本ではなく、もっとも古くかつ最善の写本を参照して改訂しました。

このような源泉志向はラテン語で ad fontes という表現「諸々の泉に向かって」で言い表される。原典の文献に絶えず触れているところにはつねにある種の高揚した気分が見いだされる。1517年にはフランス王フランソワ一世（1494 - 1547）は人文主義のアカデミーを創設するためエラスムスを招聘した。エラスムスはこれを辞退したものの、このような運動のなかに新しい人文学の開花を目前にみ、その実現を切に願いながら、ギョーム・ビュデ宛ての手紙で次のように叫んでいる。

不滅の神よ、なんという世紀が私の眼前に来たらんとしていることでしょう。もう一度、若返ることができたら、なんとすばらしいことでしょう。

ルネサンスはここでいう「若返り」としての「再生」を意味し、人文学の復興によっていまや新しい時代が近づいていることを彼は予感している。彼は黄金の世紀が今や始まろうとしているのを感じており、それに彼の才能をもって寄与しようとする。最初に引用した数行の文章の中にエラスムスにとって特に特徴的な二、三の表現がある。彼が新約聖書を非常に高く評価していることは明らかである。とても高く評価しているので彼は正しいテクストを確定し、註を付けて解説しようと、ありったけの努力を注いでいることは明白である。それは厳密な言語学的作業を必要とする。源泉そのものに突き進み、沼や脇道にそれた小川に満足しないことが肝要である。とはいえ大事なのは単に文芸上の仕事だけではない。結局は生ける御言葉、つまり今日においてもなお新約聖書の中で語り、行動するイエスに関わる問題である。

Desiderius Erasmus Roterodamus,
1466~1536

2　ギリシアにおける哲学の起源

1　創造的閑暇

哲学がギリシアで初めて成立したのは、紀元前7世紀から6世紀にかけて活躍したタレス（Thales, c.624~c.546 BC）によってであった。この哲学を創始したタレスはエジプトにわたり、祭司たちから実際的な学問を教えられたと伝えられている。彼が学んだのは天体や農耕についての実用的知識であったが、こういう実用的知識を学問にまで高めたのが彼であるといえよう。ところで知識には日常生活の必要から生じたものと快楽のために生じたものとがあるが、これらが十分に備わった上で初めて学問が成立するといえよう。アリストテレスによるとそこにはどうしても「閑暇《かんか》」が必要である。彼はいう、「そういうわけで、このようなすべてのものがすでに完備せられてから、しかも人びとが閑暇をもった土地において初めて快楽のためでも必需のためでもない学問が発見せられたのである。エジプトあたりで数学的技術がはじめて出来上がったゆえんである。というのはかの土地では僧侶階級が閑暇をもつことを許されていたからである」[1]と。このように学問が成立する条件には必要と快楽から離れて、客観的に考察するための時間が考えられている。

閑暇にはいろいろな種類があろう。「仕事がひまになった」というときの閑暇は仕事がないという欠如的閑暇にすぎない。また「小人閑居《しょうじんかんきょ》して不善《ふぜん》をなす」とあるのは、有害な行為を生みだすもので、享楽的閑暇といえよう。閑暇な人は一般に道楽者で時間を遊びに使っている。これに対し「創造的閑暇」という事態が考えられる。それは旧約聖書の詩人が「時いたって実を結び」(詩編1・3)と語っている「時《じ》熟《じゅく》」であって、あるものを創りだすための時間、カイロスに至らせる閑暇である。十分時間をかけて成熟するまで待望するための閑暇は、きわめて創造的であるといえよう。とくに人格形成は事物の作成とはちがって手間暇がかかる。それゆえ暇のもち方によって人格が決定されると言ってもかげんではない。ところで哲学的閑暇は、物事の原因をどこまでもたどっていって、究極原因までつきつめるためには、どうしても哲学に不可欠であると言わねばならない。

それではアリストテレスが指摘しているように閑暇にめぐまれたエジプトの祭司たちが哲学

をどう生みだしたであろうか。エジプトやバビロンなどでは経験的知識は増大し、実用的学問は盛んになっていたことは事実であるが、世界全体を統一的に把握しようとするとき、神話的表象が常に用いられていた。世界創成説や国家や法の起源についての説明はこの時代ではいつも神話的であり、世界を全体として見る目はいまだ学問的に成熟していなかった。世界の始原まで原因の連鎖を理性的に探求するのではなく、原因の探求はどこかで切れて、神々の誕生の物語によって説明が与えられたのである。知識はどんなに学問的であっても、精神自体はいまだ神話的で宗教的であったのである。幸いなことであるが、神話的伝統をもたなかったギリシア人、とくに自由な小アジアの植民都市のあいだから、科学的精神は初めて発揮されるようになった。イオニア地方のミレトスの人、タレスこそ哲学の創始者といわれるゆえんがここにあるといえよう。タレスはギリシアの七賢人のうちの一人に数えられているように、経験知は祭司から知者の手にわたって科学と哲学となったのである。

2　タレスの問い

ギリシア哲学史で最初に登場してくる人物はタレスであり、彼は哲学のみならずギリシアの学問の創始者であって、天文学や幾何学をはじめて学問たらしめた。彼は、バビロンの占星術を天文学となし、日蝕を計算によって予告し、それが適中したことによって人びとを驚かした。エジプトで洪水ごとに田畑の境界が不明になることから争いが絶えなかった。それを解決するために土地測量術が起こってきたのであるが、彼はこの実用知を幾何学にまで高めたのである。

ところで彼の有名なことばに「万物の始原は水である」という命題がある。この短い命題のなかに三つの重大な哲学的な思考が含まれているように思われる。

（1）まず「万物」という言葉によって語られている事態は、個々の事物の知識ではなくて、世界のなかにある一切の事物を全体的に問題にしている。その思考が事物の具体的で実用的な経験知から離れて、全体・総体・普遍に向かっていることが知られる。したがって「万物は……である」という表現の形式は実にこれまでなかった意義深い問いを秘めていることになる。この問いはのちの存在論へと発展してゆく端緒となった。

（2）次に注意すべき言葉は「始原」（archē）である。この言葉は時間的な始まり、つまり物事の起源へとさかのぼってゆく遡及的思考を示すのみならず、同時にその過程全体を支配する原因や原理をも意味する。動詞のアルケインは「最初のもの」を意味し、そこでなにかを開始するが、ある支配的力をもって行なうことをいう。そこから「始め」と「原理」

の二重の意味をもつことになり、この二つの意味を合わせて作られる訳語「始原」がもっともふさわしいものとなる。したがって、タレスは単に時間的な始めだけを考えていたわけではない。

（3）　この命題の終りにくるのが「水」という言葉である。これは「万物の始原は何か」という問いに対する彼の解答である。問われていることは普遍的であるのに解答は特殊なもの、しかも不適切で神話的な答えであるといえよう。なぜならバビロン神話のアプスーもティアマトも始原の「水」であり、「神」であるから。タレスの言葉に「世界は神々に満ちている」という断片が残されているのを見ると、彼も神話的世界にいまだ住んでいると言えよう。しかし、ここでの水は神話時代の神の表象でも、また化学記号でもなく、生命原理としての水である（物活論）。ここに新しい思考が始まっていて、神話的説明は退けられ、世界をその原素から解明しょうとする傾向がみられる。

タレスはエジプトに旅行したのであるから、ナイル川について想いめぐらしたにちがいない。川はゆたかな生産力をもち、毎年洪水とともに、多くの養分をもたらし、沃土の原因となっている。だからエジプトの農業が豊穣なのは、その原因を川の水に求めることができる。農作物は植物であるが、川のほとりの植物のみならず、川の中の動物（魚）も水を養分としている。植物と動物は生物に属しているとはいえ、両者は性質を異にしている。しかし、その生命を水から得ている。水は両者の共通の滋養分である。すると生物として種類は異なっていても生命を一緒に水にもつ点で、その存在の根拠を共通に水に置いている。

水はまた固形化すると氷になり、ガス状に気化すると水蒸気になる。氷と水蒸気は形態において対立しているにしても、原質料は水である点で共通している。それゆえ、「万物の始原は水である」というタレスの命題の意味は、すべてのものは水分を、つまり湿り気をもっており、万物の「原質」(物質的・質料的原因)は水であり、究極において万物は水であるという存在の本質が述べられているといえよう。

ここには存在論的問いの端緒がみられ、「水」という表象は存在についての問いをひっかける釣針のような働きをする。すなわち、もろもろの事物はたぶん水である。むしろ水でない。しかし事物は「あるもの」である。では「あるものが有る」というのは何を意味するのだろうか。ここに存在に対する学問的問いが生じている。そうすると、タレスの命題の意義は解答の水にあるのではなく、そのうちにふくまれている問いにあることになる。事実、タレスの弟子たちは「水」に代わるさまざまな解答を提示したのであって、この解答の試みこそアリストテレスにいたるギリシア哲学史を形成しているといえよう。

3 「始原」の探求史

ソクラテス以前の哲学は自然の発見とともにはじまり、ソクラテスの哲学は人間の魂の発見とともにはじまると一般にいわれている。確かに自然を科学的な目でみる哲学の出発はタレスにはじまるが、宇宙論的自然研究のなかにも人間学的考察と思想はすでにふくまれており、ヘラクレイトスがその境界線をなしているというべきであろう。彼は自然哲学者として語り、『昔の自然学者たち』に属しているが、人間の秘密をほどくことなしに自然の理解には達しないことを確信し、「わたしはわたし自身を探求した」と語っていた。それゆえ、ヘラクレイトスやパルメニデスを通り、ソクラテス、プラトン、アリストテレスにいたるギリシア哲学の発展を、「始原の探求史」として短くふれることによって哲学のギリシアにおける成立を述べておきたい。

タレスにはじまるイオニアの自然哲学は、彼の弟子アナクシマンドロス（Anaximandros c. 610~c. 547 BC）とアナクシメネス（Anaximenes of Miletus, c. 585~c. 528 BC）に受け継がれて展開する。アナクシマンドロスは「限定されないもの」（アペイロン apeiron）を始原においた。世界は特別に制限された物質や領域から発生するはずがない。だから万物の神的な根本原理は特定の水や火といったものではなく、かえって極限されたり分離されたりできないもの、つまりアペイロンである。物質の始原それ自体は生成し、できあがったものではなく、始めも終りもなく、つねに有るところの限界のないものであり、そこから一切万物が発生し、そこへと回帰してゆく。ここにニーチェはその「永劫回帰」の説を根拠づけている。

もう一人のタレスの弟子アナクシメネスは万物の始原を「息」「空気」(プネウマ pneuma)においた。万物の生成の根源にある原理は動的に生成する空気である。つまり空気が濃厚化すると風、雲、水、土に変化し、他方それが稀薄化すると火になってゆくのである。

それに続いて小アジアのエペソの哲学者ヘラクレイトス (Hērakleitos, c. 540~c. 480 BC) は万物の始原を「火」であると説いた。彼は「万物は生成流転する」(パンタ・レイ panta rhei) ことを説き、たえず変化している生成のなかに法則(ロゴス)があることを探求した。つまり火から空気、空気から水、水から土に生成する「下への道」と、土から水、空気、火へと生成する「上への道」とをとらえ、宇宙における生成する運動の法則を説いた。また「人は同じ川の水を渡ることができない」と語り、運動のなかにある動的矛盾を捉え、「戦いが万物の父である」と主張した。このようなヘラクレイトスの思想には当時の世相が反映している。すなわちペルシアの西進によってギリシア世界は戦乱に陥り、時代の不安が重く彼の思想に跡を刻んでいる。彼によると世界は生きている火として燃えては消滅する。この火のなかに神的なものがあらわれている。実に「かまどのなかにも神はいます」という彼の言葉はこのことをよく語っている。

ヘラクレイトスが始原を火とし、「生成」の立場を強調していたのに対し、それと正反対の「存在」を説くのがパルメニデスである。

エレアの哲学者パルメニデス（Parmenidēs, c. 515~c. 445 BC）は、万物の存在における永遠に変化しない恒常的な存在を求め、それは生成し、変化するものではないという。始原の探求はここにおいて真に有るところのものに向かう存在問題となった。彼によると真理を探求する道は「有る、そして有らぬことはない、と説く道」であり、これに反して「有らぬ、そして有らぬことが必然と説く道」は誤謬《ごびゅう》である。なぜなら「汝は有らぬものを知りえず、かつ、それを語りえざるがゆえに」と説かれた。真理の道は「有る」としかいえず、それは文法上の主語をもたない。そして「有らぬことはない」というのは、「Aは非Aではない」という論理学上の矛盾律の表現であり、これは同一律をいっそう厳密に言い換えたものである。それに反し、存在しないものを存在であると想定する方法は、矛盾律を犯し誤謬におちいると説かれた。

パルメニデスの存在についての難問は、そうじて「有る」とのみ言うことができ、どうして「有らぬもの」（非存在）について語りえないのかということにある。このように存在しているものの永遠不変の一者を説いたのは、さきのヘラクレイトスの「生成」と対立し、当時の歴史的状況に対するもう一つの解答であったと考えられる。ギリシア思想家たちにとって驚嘆すべきことは、およそ世界が有るのであって、無ではないという事実である。したがって世界が太古からただあるという事実ではなくて、このいつも変わらず存在し、美しい秩序をもったコスモスとして現われているものが、カオス（混沌）ではないという事実が問われている。ヘラクレイトスもたえず変化する現象の世界の法則を求めていたが、パルメニデスでは始原としての水が同一にとどまっていると以前具象的に示されていたものに対し、存在しているものは、変化せず、生成消滅しえない「不変」の「存在」として問われているのである。

それでは現に生成し、運動している世界は、どうのように説明すべきか。パルメニデスの弟子のゼノン（Zeno, c. 490~c. 430 BC）は「存在」を説くために「運動」を否定した。彼は「アキレウスは亀を追い越すことができない」、「また飛矢は飛ばず」と説いた。彼の「運動否定論」は有名で、論理学上の「両刀論法」の形式をとっている。しかし、それは詭弁《きべん》的なものであったといえよう。パルメニデスによれば存在していないものを存在と思いなすのはドクサ（憶測的見解＝憶見）、つまり「思いなし」にすぎず、人びとが説いているように説くにすぎない。真理は憶見《おっけん》と区別されなければならない。パルメニデス以来存在しているものの恒常不変性が想定され、たえず変化している世界の現象を思考によって概念的に把握すべき哲学の課題が立てられていた。プラトンのイデア論こそこれに対する典型的な解答である。

このプラトン（Plato, c. 427~c. 347 BC）がイデア論を形成するにあたって大きな影響を受けたのは、ソクラテスのほかに古くからイタリアに勢力のあったピュタゴラス学派である。ピュタゴラス（Pythagoras, c. 570~c. 496 BC）は「万物は数である」と説いた。「全天界は調和であり、数である」また「知者たちは天と地、神と人間がともどもに一致、友愛、秩序、規律、正義を保っていると教え、したがって彼らは万物を宇宙（コスモス＝調和）と呼ぶ」と彼はいう。ピュタゴラスこそ宇宙をコスモスと呼んだ最初の人である。タレス以来説かれた「始原」は始原の質料を求めてきたのであるが、ここに形のない無形の質料（古代ギリシアの概念で、形式をもたない材料が、形式を与えられることで初めてものとして成り立つ、と考えるとき、その素材、材料のことをいう。）に、「無限定なもの」に限定を与え、事物に区別をもたらす「形相」が「数」によって捉えられたのである。物の形は数の関係でもって存在し、数の関係が調和をもたらすのであって、ここに「始原」の探求は、質料から形相に移ったのである。

「始原」の質料因からの探求は世界がいかなる質料からなっているかを解明するものであったが、ヘラクレイトス以後ではエンペドクレス（Empedocles, c. 490~c. 430 BC）の四元素説、つまり世界は地水火風よりなるとの説から進んで、アナクサゴラス（Anaxagoras, c. 500~c. 428 BC）の等質的なるものからなる原素説を経て、デモクリトス（Democritus, c. 460~c. 370 BC）の原子論にまで発展する。原子とはアトム、つまり存在の最終最小の単位たる「非分割体」であり、アトムの形態と運動から世界の存在のみならず生成や運動も説明される。しかし、アトムは多様でなければならないことから存在の統一が失われ、運動のために空虚な空間、つまり無の存在が必要となり、この学説に矛盾が生じてくる。

なお、エンペドクレスは四原素の間に生じる「愛」と「憎しみ」とから運動因をとらえ、アナクサゴラスはヌース説を立て、混沌たる素材に特定の目的をもって作用し、万物を秩序づける知性の働きを説いたが、この知性も自然と同じく物質的なるものと理解した。ソクラテスがこの点を批判し、自然研究から人間へと探求の方向を転換した。

こうしたことがあって、事物の考察に失敗してから、僕は考えた。日蝕を観測し研究しようとする人々と同じ目にあわないようによく気をつけなければならないと。……事物を直接に目で見たり、あるいはそれぞれの感覚でそれに触れたりしようとすると、魂を全く盲目にしてしまいはしないかと恐れたのだ。こうして僕はロゴス（言論）の中に逃れて、そこに事物の真相をさぐるべきだと考えた。僕のこの比喩は、おそらくある意味では正しくないだろう。

というのは事物をロゴスの中に探究するほうが、感覚的事実の中にこれを探究するものよりもいっそう事物の影を見ることになるというのは、僕の断じて承認しないところだからね。ともかく僕の新しいやり方はこうなのだ。つまりそれぞれの場合に、僕が最も確実だと判断するロゴスを前提にして、その前提と一致すると思われるものを真であるとし、一致しないと思われるものを真でないとする。原因についてであれ、ほかの何についてであれ、同様である。(2)

ソクラテスは、直接耳目でとられた感覚的知識によっては事物の単なる一面を知るにすぎず、その真相には手がとどかない、この感覚的直接知をのり越えさせるものがロゴスであり、たがいにその見聞を語り合うことによって、事物の真相に達する道が拓けてくると主張した。ここで言う「新しいやり方」とはソクラテス的問答法による議論の進め方で、吟味による言論（ロゴス）というべき性格をもっている。

プラトンはソクラテスの愛知（哲学）活動の方法である問答法でいつも追求されていた「ことばの意味を確立し概念を定義する」という「定義」の方法にしたがい、かつ、ピュタゴラスの数学的思考を導入することによってイデア論を確立した。イデアとはある事物の理想的形姿であり、その観られた本質的形である。イデアは形相因であるといえよう。

ギリシア哲学の完成者であるアリストテレス（前出）によると、プラトンの「エイドスは他のすべての事物のなんであるか〔本質〕を示す原因である」。この形相にかたどって現象的世界の事物は質料を規定されていると説かれ、形相と質料の二種の原因〔始原〕が考えられていた。彼はタレス以来の「原始」探求の歴史をたどり、それらを総合的に検討し、四原因説を確立した。彼の説く四つの原因、つまり形相因（causa forrmalis）質料因（causa materialis）運動因（causa efficiens）目的因（causa finalis）は次のように説明されている。

しかし、明らかに我々が、始源的な原因についての認識を獲得せねばならないのであるからして――というのは、我々が或る物事を知っていると言いうるのは、我々がその物事の第一の原因を認識していると信じるときのことだからであるが、原因というのにも四通りの意味がある。すなわち、我々の主張では、そのうちの一つ（1）は、物事の実体であり、なにであるか〔本質〕である。けだし、そのものがなにのゆえにそうであるかは結局それの〔なにであるかを言い表わす〕説明方式に帰せられ、そしてそのなにのゆえと問い求められている当のなには究極においてはそれの原因であるからである。つぎにいま一つ（2）は、ものの質料であり基体である。そして第三（3）は、物事の運動がそれから始まるその始まり〔始動因としての原因〕であり、そして、第四（4）は、第三のとは反対の端にある原因で、物事が「それのためにであるそれ」すなわち「善」である。というのは善は物事の生成や運動のすべてが目ざすところの終りテロス〔すなわち目的〕だからである[3]」。

この四原因説は今日でも役立つすぐれたものであり、アリストテレスがこれまでの「始原」＝「原因」探求史からまとめたものである。そのなかで目的因は彼自身の考えとして与えたものである。この説をわかりやすく家の例で説明してみると、形相《けいそう》因は家の設計図であり、質料因は建築の素材、運動因は大工の仕事、目的因は完成した家であり、人間にとり快適な生活空間という善を意味する。四つの原因のなかでも形相と質料がもっとも重要であるが、二つの関係をプラトンのように分離しないで、質料のなかに隠されていた形相が次第に実現していって完全な姿をとって現われでてくる形成過程のなかに万物はあると考えられた。万物は一定の形相を可能性において秘めている。この形相が生成の運動によって可能態から現実態にまで発展する。アリストテレスは形相と質料、可能性と現実性という対《つい》概念によって万物の「存在」と「生成」をみごとに説いた。ここにパルメニデス（Parmenidēs, c. 515~c. 445 BC）とヘラクレイトスの対立は克服され、

「始原」の探求史はその完成に達し、ギリシア哲学は完成するのである。

注

（1）アリストテレス『形而上学』出隆訳、岩波文庫、上巻、25頁。
（2）99D-100A. プラトン『ソークラテースの弁明・クリトーン・パイドーン』田中美知太郎、池田美枝訳、新潮文庫、193-194頁。
（3）アリストテレス『形而上学』上、出隆訳、31頁。

［談話室］　タレスと婦人たち

ギリシア哲学の開祖タレスはエジプトに旅行し、そこで学んだのが僧侶によって創始されていた占星術とか土地の測量術であったが、彼はそこから天文学と幾何学とを科学的に生み出していった。僧侶の天啓による「神話」から理性的な「知識」への転換が彼によって行なわれ、哲学が誕生している。彼はギリシア七賢人にかぞえられるほど博学な人であったが、僧侶の手になる占星術から天文学を誕生させたほどの知識人であった。それほどの知識人の彼が天体の観察に熱中し、夜に溝に落ちてしまった。その愚かさを見て学問に縁遠い婦人たちに笑われたという逸話が残っている。

このことは学者の愚行の範例かもしれない。しかし彼の自然哲学からギリシアの哲学が誕生したほど、彼は優れた哲学者であって、その影響は大きく、ヘロドトスの歴史観にも影響の跡を残している。彼の哲学は超自然的なものを排斥するという意味で自然的なのである。タレスからプラトンに至るたいていのギリシア哲学者たちは、物活論者《ぶっかつ》（物質を無機的なものと考えず、それ自体に生命力や霊魂をもつものとする有機的生命的自然観。）のような自然主義者である。彼らはギリシアの神学的な詩人たち（ホメロスとヘシオドス）の超自然主義に逆らって、あらゆる事物の説明を自然的で物理的な原因に見いだしたのであった。このようにしてソクラテス以前の哲学者たちは、自然科学の発展に寄与したことは事実である。

この物質主義に立つ唯物論の遺産は、後代のギリシア・ローマの思想家たちに残った。ソクラテスとプラトンまたアリストテレスによって哲学は物理的領域を超えて上昇し、心霊や超自然的な諸原因の秘密を探索する試みが遂行された。さらにローマ時代に入るとプロティノスとその学派である新プラトン主義は、古代哲学の精神主義的な傾向の頂点を築きあげる。だが初期ギリシア哲学の「自然学者たち」の思想は、ストア学派やエピクロス学派に伝わって生き続けたが、ローマの思想家はわずかしかプラトン、アリストテレス、プロティノスの形而上学を理解することができなかった。

3　神話からロゴスへ

哲学の起源にはすでに考察したような神話から哲学的思考への突破があった。そこに神話的世界像が崩壊したわけであるが、神々の像、つまり偶像が破壊され、真実在を科学的に把握する道が拓かれたのである。しかし、神話自体も実は現実を説明する一つの方法であり、現実世界を全体的視野のうちにとらえんとする試みであった。神話からロゴスへと進展することによって哲学は形成されたのであるが、両者は同じ事態の表出方法の相違から生じて来ている。だからこそプラトンは理性的説明とならんで神話的形式でも語ることができたのである。たとえば『饗宴』で展開するエロース神生誕の神話と知識に対する愛（哲学）との関連を考えてみればよい。哲学の世界はロゴスの世界、つまり言論による永遠の法則を探求してゆくことによって形成されるが、神話はこの永遠の法則を物語によって具象化したもの、つまり感性的に対象化した、表情的な世界である。

古代の神話（バビロン神話、ギリシア神話、北欧のエッダ神話）は神々の誕生の物語が主要な内容となっている。しかし、神々はいずれも太古の始原の勢力をうちたおして新しい秩序世界をもたらしたものとして叙述され、神々による庇護を讃美するのである。これは古代人が世界の怖るべき力の実在にふれ、この生《なま》の現実世界から神々の世界へ逃れていることを、つまりカオスからコスモスへの脱出であり、名も形もなき混沌から形象の世界へ移っていることを示す。神の名前は、実は、人々がこれを唱えることによって、現世の魔力から解放されるものとして、成立している。このように言葉による形象の世界のなかでのみ人間は自然の脅威から脱出して生きることができたのである。ここに神話が形象の世界への脱出としての意義をもち、人間的生の根源的体験を暗示するすぐれた意味をもっているといえよう。

1　ヘシオドスの『神統記』

ギリシア神話は、このようなカオスからの神々の世界の誕生と、さらに新しいオリュンポスの神々（主神はゼウス）の支配する世界を物語っている。このような神統記（Theogonie）は同時に宇宙創成説（Kosmogonie）であり、ここから宇宙論（Kosmologie）に移って自然哲学がギリシアにおいて成立したのである。したがって神話の世界こそ哲学的経験の基礎にあるものを示唆しているといえよう。神話は形のない混沌から形象世界への脱出であり、形なき生《なま》の世界経験の脅威を前提とする。自然のままの世界は自然の猛威のもとにあって、人間の生は自然界の怖ろしい出来事と外敵の侵入にさらされたもの、庇護をまったく奪われた状態であり、「冷寒に閉ざされた冬」として体験される。この冬は、春がめぐってくることによって克服され、新しい生命に人びとは生き返る。だから神話は春が冬を追放し、新生する春秋の交替とともに祭儀のなかで詠われ、同時に民族としての団結のしるしともなっていることには意義深いものがある。人間の生は自然状態においては恐怖と戦慄、戦争と飢餓であり、カオスそのものなのである。人間の棲む世界は、こんなにも問題に満ちており、人間自身も不安定であって、世界も人間も問わるべき存在である。つまり人間的な生はその地盤が脆く、たえず崩壊する運命に曝《さら》されている。このような地盤の喪失感こそ神話の背景にある基礎経験であり、これをのり越えるために超自然的存在者の庇護が求められなければならない。この超越者が与えた形ある秩序のなかにこそ人間は安住の地を見いだすのである。神話はこのような形象化の最初の試みであり、言語によって創られる文化的生の営みの開始なのである。

人間は動物と異なり、生《なま》の自然界に生きるのではなく、みずからが創った文化の世界でのみ安住の生活をみいだすことができる。人間は自分に適した世界を創りながら生きる。神話という文学的世界の創作は物理学が対象とする色も形もない灰色の原子の結合の世界ではなく、そこで真に生きる喜びが把握される意味の世界である。

確かにこのような形象化には最初そこから出発した根源的生からの離反がつきまとっている。したがって文化の発展は同時に生からの後退であるといえよう。それでは存在の故郷というべき根源的生はこのように光り輝く世界なのであろうか。

神話は根源的生をその直接的印象でもって、つまり嵐が吹き、稲妻のきらめく恐ろしい自然現象によってとらえている。したがって神々が支配を確立した以前の世界は混沌であり、必然性と宿命（アナンケとモイラ）が勢力をふるっており、人びとは破滅の予感を悪い霊ダイモーンの襲撃としてとらえていた。

2　ホメロスの世界

ホメロス（Homerus, c. 800~c. 750BC）の作品では、魂と身体とは相互に相手が知られるようになって初めて、心身の存在は明らかに意識されるようになる。それは身体の死に際して魂がそれ自身自覚されることによく示される。つまり人間は自分が身体であるということを経験するとき初めて、同時に自分が魂であることの認識に達する。たとえば身体から魂が抜ける死の経験によって初めて魂と身体が対置されるようになり、これによって心身の関係が示される。

ギリシア語の「魂」はプシュケーである。ホメロスの作品でこの言葉が多用されてはいても、いまだ人間の精神的中核の意味では用いられていない。それは死後にも存続するものではなく、死にさいして無力となって消滅する。むしろ人間を写した幻のようである。オデッセウスは冥界に降りていって母の霊（プシュケー Psychē）を抱きたいと駆け寄ると、母は影か夢にも似て、ふわりと手を抜けてしまう。母は彼に言う。

人間は一たび死ねば、こうなるのが定法なのです。もはや肉と骨とを繋ぎとめる筋もなく、命の力（テュモス）が白い骨を離れるやいなや、これらのものは燃えさかる火に焼き尽くされ、魂（プシュケー）は夢のごとく飛び去って、ひらひらと虚空を舞うばかり。(1)

『イリアス』でも死んだパトロクレスが埋葬してくれるように哀願するのを聞いたアキレウスが彼を抱こうとすると「霊魂はなにやら弱々しくつぶやきながら地下に消えた」とある。彼は言う、「ああ、なんとしたことか、冥王の館にもなにか魂（プシュケー）や幻（エイドーロン）のようなものがあるのだな、だが生気はまるでない」[2]と。これによっても明らかなようにプシュケーはこの時代の用法では「息」や「泡」の意味であって、死者から出ていく「息＝霊」を言う。それは人が生きている間にある役割を演じている生命力の意味である。[3]したがって死者の霊に生命力である血が注がれると、記憶が戻ってくる。それはあたかも生命の霊である意識、まさしくテュモス（情動）を得たようである。[4]

それゆえプシュケーは人間に生気を与えるかぎり、つまり生命を保っている場合にのみ、魂を意味する。この魂を表現する言葉はプシュケー、テュモス、ヌースであるが、ホメロスの場合にはテュモスは興奮や運動を引き起こし、情緒的な内容を含み、ヌースは諸々の観念をもたらすもので、知的な内容を含んでいる。[5]

この知的な魂であるヌース（理性・悟性）はどのように理解されていたか。ヌースは動物にはない人間の特性であるが、感性的な要素を伴ってホメロスでは表現される。それは眼との類推から把握される。つまり「知ること」（エイデナイ）は「見ること」（エイディン）に属し、「見てしまっていることを」を意味しており、眼によって経験が採り入れられる。したがって知識は見るとか聞くとかいう感覚的知覚と一つになっており、受動的であって、能動的な作用ではない。したがって知るということは人間的な行動というよりも事物が人間の中に入り込んでいることである。たとえば「あるものを〈眼を使って〉見るとは言わないで、眼〈の中に〉、あるいは〈眼の前に〉見る、ということが言われる。〈認識する〉や〈了解する〉もまた、まだかなりの程度、感覚的な統覚との類推に基づいて解釈されている」[6]。

とはいえこのヌースの力によってギリシアの宗教思想は最初のアニミズム的な「蒙昧《もうまい》」の段階からオリュンポス的段階に移行する。ホメロスはヌースによって原始的なアニミズムの蒙昧から脱し、魂はオリュンポスの神々の世界という超越界との関わりをもった。この点は『イーリアス』第16歌における「グラウコスの祈り」を参照すると明らかになる。トロイエ軍の勇士サルペドンが戦死したとき、彼はグラウコスの弓で傷ついて倒れていたが、その屍を守るためアポロンの神に、深傷を癒し、痛みを眠らせてくれるように祈る。「祈ってこういうと、ポイポス・アポロンはその願いを聴き届け、直ちに痛みを止め、無残な傷口から流れる黒い血を乾かし、その胸中（テュモス）に気力を吹き込んでやった」[7]。この場合、力の源泉は自己の意志力ではなく、超自然的な神に由来する。このことは神の関与によって起こった。この神の力はダイモーンとして人に臨み、髪の毛が逆立つような恐れを引き起こした。この神的な力の関与によって幸福と不幸とが感じられる。人間が自己の力を超えることを成し遂げるのは、神が力を授けてくれるからである、とホメロスは信じていた。たとえば『イリアス』第1巻にはアガメムノンとアキレウスの口論が記されているが、それが両者の殺し合いに発展しないようにアテナ女神が介入してきていた。[8]それゆえテュモスとヌースという精神器官は身体に余りにも近いので、情動力の源泉とは考えられていない。むしろ精神や魂の作用は外部から作用を及ぼす諸力の影響なのである。[9]このように神や他者の外的な関与が重要な意味をもっているため、ホメロスでは個人的な魂の観念はいまだ目覚めていない。[10]

身体を表現する言葉である「身体」（ソーマ）に関して言うならば、ホメロスではそれはそれ自体としては未だ経験されていない。ソーマはホメロスでは前に述べたようにプシュケーが幻影であったように、屍を意味しており、魂が宿っている場合にはやっと「姿」や「四肢・五体」として表現されているに過ぎない。「彼らは身体を身体として知っていたのではなく、四肢の総計として知っていたにすぎない」[11]。この四肢というのはその一つ一つがはっきりと互いに際立っており、関節が細く肉の部分が厚く描かれ、関節連結によって結ばれることによって可動性が強調された。

後になるとプシュケーがテュモスの機能よりも次第に優性となり、前5世紀に活躍したヘラクレイトス（前出）になるとプシュケーの無限性と深淵性の自覚に到達する。彼の考えでは人間は肉体と魂とから構成される。この魂には身体と根本的に区別された性質が与えられている。「魂の際限を、君は歩いていって発見することはできないであろう。どんな道を進んでいったとしてもだ。そんなに深いロゴスをそれはもっている」[12]。この魂の深さには身体の作用とは異質の働きが潜んでいる。ここには霊魂的な次元が自覚されはじめている。こうしてギリシア人たちは自己理解が進むに応じて先に述べた神々の働きをますます人間の精神の中に採り入れていった。

この神々の人間に対する関与がギリシア悲劇の時代になってくると物語を通して益々明らかに説かれるようになった。

3 ソポクレスの『オイディプス王』

このような物語がもっている説得力についてわたしたちはソポクレス（Sophoklēs, c. 497~c. 406 BC）の『オイディプス王』からきわめて鮮明に学ぶことができる。ここでの物語は神々の誕生についての物語である神話ではなく、主として人間の王たちの物語である。

オイディプスは人びとがこぞって羨む知力と権力、富と名誉からなる幸福を一身にそなえもったテーバイの王である。すべての人が幸福であると考えた、このオイディプスという人間の根底に彼を破滅に追いやる悪しき宿命の負い目が突如としてあらわになってくる。予言者ティレシアスはこの恐るべき宿命を知っているが、人間の力をこえているがゆえに、どうにもならない。「ああ、知っているということは、なんとおそろしいことであろうか。知っても何の益もないときには」と彼は嘆く。この宿命が次第に明らかになってくるときの状況について、オイディプスは王妃イオカステとの会話のなかで次のように語る。

「その話を聞いてたったいま、妃よ、何とわが心はゆらぎ、わが胸は騒ぐことであろう」。
「おそろしい不安が、わたしの心をとらえる」。
「ああ人もしこれをしも、むごい悪霊のなせる仕業と言わなければ、このオイディプスの身の上を、ほかに何と正しく言うすべがあろう(13)」。

オイディプスは破滅をこのように予感し、それを悪霊たるダイモーンの仕業に帰している。合唱隊は嘆きの歌を、オイディプスが両眼をくりぬいて舞台にあらわれたとき、次のようにうたって、ダイモーンの仕業をのべている。

おおおそろしや、見るにも堪えぬ苦難のお姿！
わが目はかつてこれほどまでむごたらしい
観物《みもの》をしらぬ。いたましや、どんな狂気があなたを襲ったのか。
どんな悪意のダイモーンが
めくるめくかなたの高みより跳びかかり
幸《さち》うすきあなたの運命《さだめ》を苛《さいな》んだのか。[14]

オイディプスの日常生活はこのダイモーンの力によって破壊され、幸福な生と思いなしていた自己の存在が恐ろしい霊力の玩弄物《がんろうぶつ》にすぎなかったことを悟る。この明朗な知性の人にしのびよる破滅の予感は、ギリシア的憂愁の情念をよくあらわしている。この世界は秩序ある美しいものであるが、その根源は秩序以前のカオス（混沌）であり、そこに破滅と宿命のダイモーンが荒れ狂っている。生の現実はこのようなカオスであることをギリシア人は知っている。

それゆえ人間はこのカオスから逃れて新しい神々の支配に服せざるを得ないわけである。この神々に名前をつけることと言語の発生とは関連をもち、[15]神々の名は名称の世界を導きだし、そこから言語による世界の統一的秩序が発生し、人間は文化を形成してゆくことになる。さらに人間は技術を身につけ、生活のなかに形をつくりだす。形はその具体性のゆえに類的普遍と特殊な個体とのあいだに入りこむことができる。それゆえ、形はいつも個性的で具体性をもっている。人間はこの形のなかで育成されながら、形を発展させ新しく創造してゆくが、形の背後にあるカオスから自由になっているのではない。かえって形の文化が進むにつれて、形は人間の手になる人工物に変質し、人工的世界にまで文明が発展すると、それはもとの世界が見えないように覆ってしまう。このように文化の発展は根源的生からの後退と離反となるが、人為的に形成された形の文化が、崩壊するとき、もとの世界を直接経験することになる。こうしてわたしたちは、もとの世界に直面するが、そこへ単にもどるのではなく、もとの世界の根拠となっているものに帰還し、そこから世界を受けとり直さなければならない。これが世界と自己とを学びなおす哲学的経験である。このような経験の反省的考察によって始原の世界は「存在の故郷」としての意味で肯定的に自覚されるようになる。このように自覚的に把握したからこそ神話から哲学への発展も総じて可能になったのである。

一般的に言って神話は物語の世界であり、形象と文字によって成立するが、この形象を言論によって概念にまで高めたのがソクラテスやプラトンの主な哲学的営みであったといえよう。神話は感覚的にして、かつ具象的である。ソクラテスは神話や感覚的形《かたち》がいかに人をまどわすものであるかを経験し、「言論」（ロゴス）によって世界を新たにとらえようと試み、問答法という対話形式の思考を生みだした。そしてこれによって世界の真実を見窮めようとした。『パイドン』で彼はいままでの哲学の方法に挫折し、新しい方法に至ったことを、その体験から次のように語っている。

> 事物を直接に目で見たり、あるいはそれぞれの感覚で、それに触れたりしようとすると、魂を全く盲目にしてしまいはしないかと恐れたのだ。こうして僕はロゴス（言論）の中に逃れて、そこに事物の真相をさぐるべきだと考えた。[16]

こうしてソクラテス的言論といわれる問答法が生まれてきた。この方法を完成させたのがプラトンであり、彼はその結果イデア論を説くようになったが、このイデアの世界の想定こそ神話に代わるもので、存在の故郷を意味するものであり、『パイドロス』ではオルペウス教（Orphism、Orphicism は、古代ギリシャ世界における密儀教。）の教説にしたがって、魂のイデア界における先在を神話的表象を用いて語っている。こうして形象世界への神話的脱出がさらに進展していって、イデアの世界への脱出と帰還が説かれた。これは実に哲学的冒険ともいうべき観念的想定であったといえるであろう。彼自身『パイドン』で哲学を一種の冒険とみなして次のようにいう。「人間のなし得る最善の、最も論破し難いロゴス（言論）を捉えて、それに身をゆだね、ちょうど筏《いかだ》に乗って大海を渡るように、危険を冒して人生を乗りきらねばならない」と。ここに形象の世界への脱出が言論（ロゴス）を通して敢行されており、イデアという概念の国が形づくられ、哲学がそこに新しい地盤を獲得していくのである。

注

（1）ホメロス『オデュッセイヤ』（上）松平千秋訳、岩波文庫、287頁。このような亡霊的で影のようなプシュケーについて出隆『ギリシャ人の霊魂観と人間学』勁草書房、470―483頁参照。

（2）ホメロス『イリアス』（下）松平千秋訳、岩波文庫、339頁。R.B.Onians, The Origins of European Thought,1954, p. 59―60 参照。

（3）「それは生命力と生霊とのあいだを揺れ動いている。生命力にもっとも近づいているのがプシュケーであり、これはかつては〈息〉を意味していたにちがいないが、〈霊〉を示すようになった」（ニルソン『ギリシア宗教史』小山宙丸、丸野稔、兼利琢也訳、創文社、94頁）。

（4）ニルソン、前掲訳書、132頁。

（5）スネル『精神の発見』新井靖一訳、創文社、28、32頁。しかし、これらは後にプラトンが『国家』第4巻で明確に説いたようには未だ魂の部分ではなく、それぞれ独自の機能もつ単独の器官であった。

(6) スネル、前掲訳書、548―549頁。

(7) ホメロス『イリアス』(下) 松平千秋訳、岩波文庫、138頁。

(8) ホメロス『イリアス』(上) 松平千秋訳、岩波文庫、20―21頁。

(9) 「ホメロスの人間たちは、自分の魂のうちに自分の力の源泉をもっているのだという意識にまだ目覚めていない。しかし、彼らは、なんらかの魔術的な手段によって諸々の力を引き寄せるのではなく、神々の自然な贈物としてこれを受け取るのである」(スネル、前掲訳書、45頁)。

(10) つまり我と我でないものとが分離していないがゆえに、上に向かって開かれた力の領域だけが認められる。そこから聖なる世界と俗なる世界とがパラレルに構成され、天上の神々の世界と地上の英雄の世界とが対置されている。これに対し後にオルペウスの宗教思想が大きな影響したといえよう。

(11) スネル、前掲訳書、25頁。

(12) 山本光雄訳編『初期ギリシア哲学者断片集』岩波書店、35頁。

(13) ソポクレス『オイディプス王』藤沢令夫訳、岩波文庫、61―67頁。

(14) ソポクレス、前掲訳書、98頁。

(15) カッシーラー『言語と神話』岡三郎、富美子訳、国文社、32―36頁参照。

（16）プラトン『ソークラテースの弁明・クリトーン・パイドーン』田中美知太郎、池田美枝訳、新潮文庫、193―194頁。

［談話室］　プラトンは観念論者か

西洋の哲学史で理想主義の哲学をはじめて体系的に完成しようと試みたのは、ギリシアの偉大な哲学者プラトンである。プラトンは、彼の師ソクラテスの教えに強く影響されて、哲学をはじめるも、『ゴルギアス』の半ばでオルペウス教・ピュタゴラス学派の教義を受け入れ、輪廻転生の思想（輪廻説）から「肉体《ソーマ》は墓《セーマ》である」という学説の導入に踏み切り、この心身の人間学的な二元論から世界をも現実界とイデア界に分ける形而上学的二元論へと移行した。これこそ彼を最悪の観念論者となしたと言えよう。

プラトンは初めソクラテスの問答法に従って自他の知識のあり方を吟味し、おもに倫理上の問題、たとえば勇気・節度・敬虔などの、徳が何であるかを示す真の知識を求めた。そして一般に「何であるか」つまり本質は定義すること、したがって概念を確定することによって与えられると説いた。しかし、彼はソクラテスが教えたこのような優れた思想を受容し、それを形而上学にまで高めた。プラトンは、個々の現象から得られた概念が、経験的事物のいずれにも局限されていない普遍的知識を言い表わしているとすると、個々の経験的事物を対象にして知覚作用が生じるように、真の普遍的知識にふさわしい普遍的超越的存在が対象として与えられていなければならない、と考えた。このような存在は、たんなる概念やことばの上だけでの定義といったものではなく、概念やことばの意味する本質を、純一な姿で、理想的に示現しているものでなければならない。このような客体的存在をプラトンはイデアと称したのである。イデアと経験的個物との関係は、原像とその写しである模像の関係である。したがってイデアは原形また模範であり、理想的形姿である。こうしてイデアは経験的事物に対し一切の感覚的性質をぬぎ去った、全く非質料的・観念的なものとされ、経験的個物に対しては最高の概念としての類概念（たとえば馬そのものとしてのイデア）であり、数学や幾何学の図形、徳や美といった純粋に抽象的な概念も、それぞれのイデアにおいて、真に存在していると説いた。プラトンは、これらもろもろの真実在、イデアの窮極に、善のイデアを据えることにより、イデアの世界を統一的に理解し、イデア論を体系化した。

確かにプラトンのイデア論は純粋に非物質的にして、理想的・観念的存在としての真実在イデアを解明している。だがイデアは独立自存するものとみなされ、人間の意識が生み出したものとはみなされていない。この観念論的な「イデア主義」とも言うべきプラトンの哲学を、わたしたちはギリシアにおける理想主義の典型とみなすことができる。

4　ギリシア人のダイモーン信仰とその批判

前章でわたしたちはギリシア思想におけるダイモーンの役割について論じたが、これがプラトンの『饗宴』では神と人との間を仲介する神的な存在であることが説かれるようになった。神と人との仲介する仕事はキリスト教ではキリスト自身の役割を示すものである。このようにギリシア人が、とりわけプラトンが説くことによって思想史上の重大な結果をもたらすことになった。このダイモーン理解にはアウグスティヌス（Aurelius Augustinus, 354–430）が『神の国』で決定的な批判をするに至るまでにはさまざまな紆余曲折があるので、この点を明らかにしておきたい。

1　プラトンの『饗宴』でのディオテマのダイモーン解釈

プラトンの哲学には多くの神話が用いられており、神話の時代から哲学の時代への移行過程にあることが示される。一例をあげると、プラトンは『饗宴』において愛の神エロースは「偉大なるダイモーン」として解釈され、天上の全知者なる神と地上の無知なる人間との間を仲介する「神霊」であると理解された。このダイモーンはソクラテスに語りかけて彼の良心に警告を発したり、人間としての歩むべき道を天啓のように指示したのであった。

ソクラテスがディオティマ（Diotima）にエロースとは何かと問うたのに対する彼女の回答は、「それは偉人なるダイモーンなのです」というものであった。ダイモーンは死すべきものと不死なるものとの中間者、善悪美醜《びしゅう》の中間者であり、また知と無知との中間にあって、自己の無知を知って知を愛し求める愛知（哲学）者である。しかし、それが偉大であると呼ばれるのは、神々と人間との媒介者であることによる。「神々へは、人間から送られることを、人間たちへは、神々から発せられることを、それぞれ説きあかし、伝えるのです。……次にまた、神は人間と直接の交わりを結ぶものではなく、むしろ、神々が人間と結ぶ交わりや語らいの一切はこのダイモーンによるのです[1]」。ソクラテスに先行する演説においては愛は人間における交わりや、世界を調和に保つ宇宙的な力として語られていて、神と人との媒介者としては語られてはいなかった[2]。このような神と人との媒介者なるエロースは人間の精神をして神との交わりにまで高める働きをもっており、地上の領域と天上の領域との間の隔たりを埋め、全宇宙を結びつけるシュンデモス

（靭帯）であり、超越への精神的志向の根源となっている。

ディオティマが続けて語るエロース生誕の神話は中間者にして神人の媒介者なるエロースの特質を見事に捉え、それを象徴的に物語っている。すなわち、豊かなる策知の神ポロスと貧窮の女神ペニアとの間に止まれたエロースは、対立する二つの性《さが》を身につけ、自分に欠けたものを知って、熱烈にそれを求める探求者としての人間の愛なのである。しかも美の女神アフロディテの生誕祝賀の宴に生まれたため、美の探求者となったと語られる。このようにエロース生誕の神話は中間者としてのエロースのダイモーン的性格をよく示しており、自己に欠如したものを激しく欲求する運動の中で、本来の輝きを失わずにわたしたちの知覚にその映像を鮮明に留めている美が求められる。

美は知覚により直接捉えられる。それに対し、善の方は何かに役立つ有用性とか社会的行為の善性とかに示され、外的な成果として示されてはいても、それでも直接目にすることはできない。善いものは美しいものであるが、それにもかかわらず、善は内的なものであるのに対し、美は美しいものに直接自己を反映させる。こうして美は感性的なエロースに直接的に、つまり無媒介的に作用し、そこから激しい情念が惹き起こされる。しかし感性的エロースにとどまるかぎり、エロースのダイモーン的性格は現われず、単なる審美的段階をこえることはない。

ところでプラトンはエロースの働きに「一切の善きものを、つねに自分のものとしたい」という欲求を認めながらも、「まことに、その行為とは、美しいものにおいて――精神の面でも肉体の血でも――美しいものにおいて、子を産むことです」と語り、エロースの出産の働きに注目する。そして「出産とは、死すべきものにあって、いわば永久なるもの、不死なるものであるためなのです」とみなし、「善いものをつねに自分のものにしたい」というエロースの欲求の「つねに」を種《しゅ》の連続による不死への欲求であると解釈する。したがって出産により「新しい別のものをつねに残してゆくこと」が生じているのは、エロースの中に「永遠に存在し、不死たらんとすること」がその目的として本来具《そな》わっているからなのである。このように死すべきものが不死を能《あた》うかぎり求めて絶えず新しいものを生んでいる事実は、単に出産のみならず、身体のいたるところで再生として起こっているし、さらに人の習性、性格、意見等々の魂の働き、また知識の忘却と記憶にも見られる。そうすると「美しいものにおいて出産する」というエロースの衝動には同時に永遠不死なるものへの欲求が内在していることになる。こうしてエロースは感性における美しいものの知覚から出発していっても、感性であるかぎりのエロースによっては自覚されてはいないが、それでもエロースのあの願望「つねに」の中に不死への欲求が存在しており、その出産という行為により、そのことの認識に導かれるのは自己の本質が、永遠不死なるものへの欲求にほかならないからである。[3] ここにエロースが死すべきものと不死なるものとの中間者であり、神と人間との媒介者たるダイモーン的性格があるといえよう。

2　災いをもたらす「悪しき霊」の誕生

このダイモーンがもっている中間的な性質もしくは多義性から悪しき霊となる変化は、ソクラテスの時代にはまだ完了していなかった。だが、プラトンの弟子のクセノクラテス（Xenokratēs, 396~314 BC）が仕上げをして、善い神々を悪いダイモーンからひき離して、神々がもっていた悪い性質や破壊的な性質をすべて悪霊に移した。ストア派とプルタルコスなどはこのクセノクラテスを踏襲し、プルタルコスに至っては、アポロンが都市を破壊したという記述があるなら、それはダイモーンがアポロンの姿をとって行ったにちがいない、と論ずるまでになった。こうして後期ヘレニズムの時代になるとダイモニオン（ダイモーンに複数形）という語はほとんど例外なく悪い意味をもつに至った。[4]

3　古代ローマ文学における守護霊

プルタルコス（Plutarchus, c.46/48~c.127）の『ブルータスの生涯』を参照すると、ブルータスもダイモニオンを経験しており、それが生涯の終わりに近づくと日ごとに強くその声「ブルートゥス（ブルータス）よ、わたしはお前の悪い守護霊である。お前はわたしをフィリピ[5]で見るであろう」[6]を聞くようになった。フィリピの合戦という運命の日が差し迫ってきたとき、彼はまたアジアにいた。ほぼ真夜中に彼はテントの中で習慣によって目覚めていたとき、もうランプは消えており、何か恐ろしい人間の様子を超えた人影を見たように想われた。彼は大胆不敵にも直ちに「一体だれなのか、人間なのか神なのかと質した」。するとその姿は低い声で彼に上記のテクストのように囁いた。こうして同じ人影は戦っているフィリピに現われたが、それはブルータスにとって確かに最後の戦闘であった。これは「悪しき霊」の物語である。

古代においては総じて霊は、人間を守り導く「良い守護霊」と破滅に導く「悪しき霊」とに分けられ、ダイモーンという言葉は一般には複数形でダイモニオンと呼ばれるようになった[7]。このことがプルタルコスによってマーカス・アントニウスとオクタビアヌス（アウグストゥス）についても報告されている。つまりこの二人はその他のことでは相互に愛情を込めて、またもっとも友好的に振舞ったが、敵意を引き起こしてしまった遊びではオクタビアヌスがいつも勝利者となる習わしであった。そのことをアントニウスはひどく苦しんだものだった。ところでアントニウスの従者の中にはエジプトの魔術師がいた。先の引用にあったように彼がアントニウスの運命を本当に知っていたからにせよ、それともクレオパトラの好意をえようとでっちあげたからにせよ、アントニウスがカエサルからできるだけ離れるように警告した。というのは彼の守護霊が他の点では元気なのに、カエサルの守護霊にしり込みして、また彼がカエサルに近づくに応じて、益々卑屈になり、打ちのめされるように想われたから。(8)

4 アウグスティヌスのダイモーン批判

アウグスティヌスは『神の国』でアプレイウス（Lucius Apuleius, 123～?）の『ソクラテスの神』を検討し、神とダイモーンとは区別されており、後者は悪しき霊であるがゆえに、その表題は『ソクラテスのダイモーン』とすべきであると主張した。(9)

アウグスティヌスによると至福で永遠不滅の善なる神々は、宇宙のもっとも高い地位を占め、人間は最低の地上に住み、死すべき悲惨な存在である。神々と人間との間は断絶し、何らの交わりもない。両者の中間の大気圏に位置するダイモーンは、神々と不滅性を共有するが、その魂は人間と汚れや悲惨を共有する。神殿で祭儀や供犠《くぎ》を求めるのは、人間と関わりをもたない神々ではなく、このダイモーンなのである。彼らは、人間の願いを神々に届け、神々からの贈り物を人間に届ける仲介者である。

これに対してアウグスティヌスはダイモーンの仲介の役割を否定し、それへの礼拝を非難する。ダイモーンが神々と同様不死であっても、人間と同様悲惨な魂をもつため、両者の仲介者として人間を幸福にできるはずがないからである。当時、プラトンに従ってダイモーン信仰が起こってきたのに彼は対決し、それが悪い霊であることを彼は繰り返し説き明かした。事実、ローマ帝国では魔術を施すことはれっきとした犯罪行為であり、「魔術師」と呼ばれるのは侮辱でも悪口でもあった(10)。

そこで『神の国』第八―九巻におけるダイモーン批判を考察してみたい。同じくプラトン派に属する哲学者であったアプレイウスは、ダイモーンの性格について次のように語っている。「ダイモーンは、人間が魂の激情によって駆り立てられるのと同じ激情によって駆り立てられて、不正によって刺激され、恭順や贈与物によってもてはやされ、名誉を喜び、さまざまな宗教的祭儀を楽しみとし、もしそれを怠るならば不愉快に感じ、それらを行なうように駆りたてる」と。その他のことにおいても、例えば、鳥占い、腸卜《ちょうぼく》（ローマ時代にいけにえの獣の腸を調べて占っていた。）、予言、夢の啓示などはダイモーンの働きであり、魔術師の不思議なわざもまたダイモーンによって起こると言われる。しかし、彼はダイモーンをより簡単に定義して、ダイモーンは種類としては生命的存在であり、魂の点では感情的であり、精神の点では理性的であり、身体の点では空気（エーテル）からできており、時間的には、永遠である。そしてこれら五つの性質のうち、はじめの三つはダイモーンとわたしたち人間に共通しており、四番目のものはダイモーンだけに固有なものであり、五番目のものはダイモーンと神々とが共通してもっている、と言う。

しかし、ダイモーンはわたしたち人間と共有している上記の三つの性質の中、また二つの性質を神々とも共有していると主張される。アプレイウスは神々もまた生命ある存在であると言い、それぞれの元素をそれぞれの存在に配分して、わたしたち人間を、地上に生き感覚している他の存在と共に、地上的な生命ある存在の中に位置づけており、魚やその他の泳ぐものを水中の生命ある存在の中に、ダイモーンを空中の生命的存在の中に、また神々を（光を伝える媒質である）エーテル的な生命的存在の中に位置づける。それゆえダイモーンは、種類からして生命ある存在であるかぎり、彼らはただ人間と共通しているのみならず神々とも獣とも共通している。精神の点で理性的であるかぎり、彼らは神々と人間とに共通しており、時間の点で永遠である点で彼らは神々にのみ共通しており、魂の点で感情的である点で人間とのみ共通し、身体の点で空気である限りダイモーン自身に固有な在り方をしている（『神の国』VIII・16）。これをアウグスティヌスは批判して次のように言う。

ある宗教によってわたしたちがダイモーンに服従させられることは何と愚かなことであり、むしろ何と狂気じみたことであろうか。というのは、アプレイウスのような人でさえもダイモーンに対して大いに好意を示し、ダイモーンは神的名誉に価すると評価しているけれども、それにもかかわらず、彼はダイモーンは怒りによって駆り立てられると告白せざるをえなかった。けれども真の宗教は、わたしたちが怒りによって駆り立てられることなく、むしろそれに抵抗するようにとわたしたちに命じる。ダイモーンは贈答品によって饗応されるが、真の宗教は贈答品を受けることによって人に好意を示すことがないようにとわたしたちに教える。ダイモーンは名誉によってもてはやされるが、真の宗教はそのようなものによって決して動かされることがないようにとわたしたちに教える。ダイモーンは、思慮深い冷静な判断によってではなく、激情的と呼ばれるような魂によって、ある人を憎み、またある人を愛するのであるが、真の宗教は敵をも愛するようにとわたしたちに命じるのである（同書VIII・17,2 茂泉昭男訳、以下同じ）。

ところで『アッティカ夜話』の著者アウルス・ゲッリウス（Aulus Gellius, c. 125~180?）は、その書物の中に、ストア派の哲学者によって次のような事柄が結論されているのを読んだと言っている。すなわち、ストア派の哲学者がファンタジア「幻影」（表象）と呼んでいる精神〔の視覚〕現象があり、それらが精神に起こるかどうか、起こるとしてもいつ起こるのか〔その時を決定すること〕は、わたしたちの精神の力の外にあると言う。したがって、それらの幻影が、恐ろしい、身の毛のよだつような状況から襲ってくるとき、必然的に知者の精神さえも動揺させてしまい、知者の精神も、しばらくの間、恐怖のあまりおびえたり苦悩したりすることが起こる。それはあたかも、精神と理性の働きがそうした激情によって妨げられてしまうかのようである。しかし、このことは、精神の中に悪への妄想が起こったり、それが承認されたり、それに同意が与えられ〔それに従っ〕たりすることを意味しない（『神の国』IX・4-2）。それなのにダイモーンに神と人とを仲介する役割が一般に説かれている。この仲介者についてこう言われる。

また、そのものの介入によって人間が神々と結び合わされる、そうした神々と人間との仲介者は、神々と永遠の身体を共有しており、他方では悪徳に満ちた魂を人間と共有している。

いわばダイモーンによって人間と神々とを結びつけようとしている宗教〔の本性〕は、身体において成立するものであって、魂において成立するものではないかのようである。彼ら仲介者たちは、動物の劣等な部分、すなわち、身体をよりすぐれたもの（神々）と共有し、よりすぐれた部分、すなわち魂のより劣ったもの（人間）と共有しており、また服従する部分（身体）において天上の神々と結びつけられ、支配する部分（魂）において地上の悲惨なもの（人間）と結びつけられている（同書IX・9）。

ところで、聖書によると、あるものは「善い天使」であり、またあるものは「悪い天使」であって、決して「善いダイモーン」は語られていない。ダイモーンという言葉はダイモネスという〔男性複数〕形でも、ダイモニアという〔中性複数〕形でも語られているが、その場合は、ただ邪悪な霊を意味している（IX・19）。他方、ダイモーンという名称の由来そのものは、もし聖書に目を向けるならば、ある考慮すべき事柄を告げる。ギリシア語のダイモーンは知識という意味でそう呼ばれている。しかし使徒は聖霊によって次のように語っている、「知識は〔人を〕誇らせ、愛は〔徳を〕建てる」と。この句の正しい理解は、愛がその中に宿るときにのみ知識は役立つという意味である。愛がなければ知識は高慢になるからである。すなわち知識は誇大妄想的な、いわば大言壮語するうぬぼれの中に人をひき込むので、ダイモーンの中には愛のない知識があるといえよう。こうしてダイモーンはうぬぼれが強く、高慢な者となり、神聖な栄誉と宗教的奉仕とが自分に向けられるように要求する。そのようなダイモーンの高慢に対して――人類は自分たちの犯した過誤（罪）のためにそうした高慢のとりこになったが――キリストにおいて明らかになった神の謙虚がどんなに大きな力をもっているか知っていない（IX・20）。アウグスティヌスはその当時プラトンにしたがってダイモーン信仰が起こってきたのに対決し、ダイモーンが聖書に説かれている「悪い霊」であることを正しく理解し、それを信じてはいけないと説き、アプレイウス著作の表題は『ソクラテスのダイモーン』とすべきであると主張した（VIII・14, 2 参照）。またダイモーンが、プラトンの『饗宴』で説かれているように[11]、人間の願いを神々に届け、神々からの贈り物を人間に届ける仲介者であると主張されている点に対して、アウグスティヌスはダイモーンの仲介を否定し、それへの礼拝を非難する。というのもダイモーンが神々と同様に不死であっても、人間と同様に悲惨な魂をもっているので、ダイモーンは神々と人間との両者の仲介者として人間を幸福にできはしないからである。彼はこのようなダイモーン信仰に対決してそれが悪霊であることを繰り返し説き明かした。事実、先にも指摘したように、ローマ帝国では魔術を施すことはれっきとした犯罪であり、「魔術師」と呼ぶことは相手に対する侮辱でも悪口でもあった[12]。

注

（1）プラトン『饗宴』202E-203A 森進一訳、新潮文庫、81頁。

（2）ただしエリュクシマコスの予言術は「神と人間との間の親和をつくる業であって」、それはエロースを守護する、と述べられていた（188D）。

（3）プラトン、205A—207D 前掲訳書、86—93頁。ここからダイモーンの仲介者としての役割が、イエス・キリストの中保者と同等視されたので、後述するような批判をアウグスティヌスから受けるようになる。

（4）ラッセル、『悪魔——古代から原始キリスト教まで』野村美紀子訳、教文館、143頁。

（5）古代マケドニアの都市。この地でアントニウスとオクタビアヌスの連合軍がブルータスを破った。

（6）プルタルコス「ブルートゥス」48, 1.

（7）エラスムスの『格言集』（1・1・72）にはローマ文学における「悪しき守護霊」のことが紹介されているので参照してもらいたい。『エラスムスの格言選集』金子晴勇、知泉書館、15—19頁。

（8）プルタルコス「アントニウス」33, 1.

（9）アウグスティヌス『神の国』VIII, 14, 2 参照。

（10）詳細はR・L・ウィルケン『ローマ人が見たキリスト教』三小田 敏雄、ほか訳、コルダン社、1987、161頁以下参照。
（11）本書本章1頁を参照。
（12）詳細はR・L・ウィルケン、前掲書、161頁以下参照。

［談話室］　ホメロス物語の守護神

神話時代のギリシアではさまざまな霊（精霊）が物語られており、ダイモーン（守護霊）と呼ばれるものとそうでないものとが、つまり自然の精霊や死者の霊があったと思われる。たとえばケールは幽霊で、恵み深いこともあるが、悪夢・盲目・狂気をひき起こすことのほうが多かった。またヘーロースはもともとは死者の霊だが、有害な活動をすることがあった。その働きがいつも有害な霊もいた。ゴルゴンは冥界または深海のダイモーンである。その中でももっとも恐ろしいのが獰猛な牙をもつメドクーサで、その髪は蛇だった。セイレーンは海の怪物であり、ヒュドラーは多頭の大蛇、ケルベロスはハデスの入口の番犬であった。死者の怨みをはらす狂暴な霊であるエルニューエスたちは復讐する幽霊で、行いを慎むよう警告するものであった（ラッセル『悪魔――古代から原始キリスト教まで』野村美紀子訳、教文館、143―144頁参照）。

ホメロスにもダイモーンが登場する。そこには未だそれが霊であるとの認識がなくとも、何らかの守護霊の導きが感じ取られた。ギリシア語のダイモーンは必ずしも悪なるものを意味するわけではなかった。『イリアス』ではダイモーンはたびたびテオス（神）と同義語として使われる。だが『オデュッセイア』ではダイモーンという語は肯定的な意味よりは否定的な意味をもつことのほうが多いが、ホメロス以後の同義語であるダイモニオンと同じく、なお多義的である。ホメロス以後ではダイモーンは一般に神より劣る霊的存在と考えられた（ラッセル、前掲訳書、143頁参照）。

オデュッセウスはトロイア戦争後、祖国に帰還する間に起こった数々の危険に直面した。それが『オデュッセイア』の冒険物語として記されているが、その中で「魔女キルケの物語」では秘薬を使う魔女キルケの島に寄航し、彼の仲間の半数がキルケを魔女とは知らないで魔法の薬草を混ぜた飲物を飲まされ、種々の動物の姿に変えられてしまう。この災難を一人屋敷の外にいた部下の報告によってオデュッセウスは知り、他の部下たちを取り戻そうとキルケの広大な屋敷に向かうが、その途次、青年に扮した神の使いヘルメイアスによって秘策を授けられ、薬草を携えて、その屋敷に乗り込む。

気の毒なお人よ、土地不案内の身でありながら、たったひとり山中を歩いて一体何処へ行こうとなさるのか。あなたのお連れたちは、あそこに見えるキルケの屋敷の中で豚のように、厳重な囲いの中に閉じ込められているのです。あの人たちを救おうとして、ここへおいでになったのですか。救うどころかあなた御自身も無事には帰ることができず、あの人たちと同じ場所に居残ることになるは必定です。しかしよろしいか、わたしがあなたを危険から守り、救ってあげましょう。ほれ、この秘薬を携えて、キルケの屋敷へ行かれるがよい。この薬草があなたの身から、恐ろしい破滅の日を防いでくれましょう。ところで、キルケの恐るべき企みを残さず話してあげますが、彼女はあなたのためにキュケオーンという飲物を調合し、それに毒を混ぜるでしょう。しかし、そうはしてもあなたに魔法をかけることはできますまい、今お渡しする秘薬がそれを許さぬからです（ホメロス『オデュッセイア』上巻、松平千秋訳、岩波文庫、261頁）。

神の使いヘルメイアスはこのように語ってオデュッセウスに窮地を脱する方法を教える。その様はまさしくギリシア人の守護神にほかならない。

この守護神は既述のようにオデュッセウスに仲間を救う方法も教えるばかりか、魔女から変身したキルケも良い守護神となって数々の危険を克服する道を教える。オデュッセウスはキルケに送られて出航し、その美声によって人を引き入れるセイレーンの島を通過するとき、彼は仲間の耳を蠟《ろう》でふさいだが、彼自身は歌を聞こうと自分をマストに縛りつけさせた。彼は彼女の歌を聞いて、海に身を投じてセイレーンの所に行こうとしたが、部下の者たちは彼をかたく縛って無事にそこを通過し、さらに一方の断崖には海の魔女スキュッラが、他方の断崖にはカリュブディスがいて災難に陥れようとする。これを見ていたアテーナ女神の嘆願によってゼウスは使者ヘルメースをその地に遣わすことになり、オデュッセウスはこの災難から脱出することができた。

このような叙述にこの作品の特徴がよく出ている。つまり『イリアス』では神々が行ったことを、『オデュッセイア』ではオデュッセウスに神々の使いが援助の手を差し出して、陥った境地を脱するように取りはからう。これこそギリシア人の命を守った守護神にほかならない。その中にはキルケのように悪しき魔女から良い守護神に変身したものもいる。この守護神はダイモーンとして危機に際して人々に勇気を吹き込んだり、あるいは分別を奪い取ったりする。さらにソクラテスのダイモーンではそれが「警告」の働きをする〔ドッズ『ギリシャ人と非理性』岩田靖夫・水野一訳、みすず書房、1972年、13頁を参照〕。

しかしホメロスでは元来ダイモーンはアーテー〔狂気〕から理解されており、それは非理性的なものを表わし、理性的な目的行動とは異質である。

アガメムノンの出来事がそのよい例である。彼は愛妾《あいしょう》の喪失感を埋め合わせようとして、逆上し、アキレスからその愛妾を奪い取った。この事件についてアガメムノンは後に次のように言明した。「わたしが責めを受くべきではない。わたしではなく、ゼウス、モイラ、暗闇をさまようエリーニュスである。彼らが、集会で、わたしの心の中に、獰猛なアーテー〔狂気〕を投げ入れたのだ」（ホメロス『イリアス』下巻、松平千秋訳、岩波文庫、231頁参照）。

この狂気が攻め込む場所は人間の心胸《しんきょう》である。またこれを引き起こす力はその正体が確認されないダイモーンか、神か、神々であるが、特定のオリュムポスの神であることは稀である。ダイモーンは時折、復讐するエリニューエスの霊としても登場する。さらに狂気は「罰」としても表象されることによって道徳的に合理化される。たとえばヘシオドスは、それを傲慢に下される罰とみなし、「貴族といえども罰〔アーテー〕を逃れることはできない」と言う。このような「悪の負債」は罪人の生存中に支払われなければ、彼の子孫の上に降ると考えられた。このような罰としての狂気は拡大解釈されて、罪人の心の状態を指すばかりか、次の悲劇時代にはそのような心の状態から結果する災厄をも指すようになった（ドッズ、前掲訳書、46頁参照）。この破滅は、「利得」や「安寧」と対照をなす「破滅」という一般的な意味を獲得する。この狂気から破滅への移行は「神は、滅ぼさんと欲する者を、先ず狂気に落とす」という残忍な教説に現れている（ここで、アガメムノンは、自分のアーテーをゼウスの企んだ「なんともひどい迷いの網」また「惑《まど》わしの罠」と呼んでいる（ホメロス『イリアス』上巻、松平千秋訳、265–266頁を参照）。

5　聖書の神秘思想

聖書にはギリシア思想にはない独自な思想があって、それは知恵を探求する「精神」とは異なる意味の「霊」に求めることができる。この精神と霊という二つの概念は、たとえばドイツ語のGeist のように一つのことばに二つの意味が一緒に含まれているように、多義的であって、一義的ではない。同じく日本語の「霊魂」も「霊」と「魂」の合成語であって、二つの意味をもっている。ところで重要なのは聖書がギリシア思想の「精神」とは相違する意味で「霊」を使用していることである。それゆえわたしたちは聖書における「霊」の意味と霊性思想の創始をまず考察してみたい。

1　聖書の神秘思想

まず最初にわたしたちが銘記しておかなければならないのは、聖書の人間観の特質を顕著に示す「霊」という概念がギリシア思想には全く欠如していたという事実である。聖書には「魂と身体」というプラトン的な二元論的構成が見られず、ギリシア・ローマの哲学には全く知られていなかった「霊」（ルーアッハ：プネウマ）が聖書において頻繁に用いられ、独自な人間的な次元を創り出している。[1] 実際、旧約聖書はその冒頭から「神の霊」について語り、人間に命の息を吹き込み、人間を霊として創造したと語っている（創世記1・1、2・7参照）。人間は神のように霊そのものではないが、神から来る霊は人間を生かす力である。[2]

新約聖書でも「霊」（pneuma: 風・息・精神）は本来的で本質的な人間存在を言い表す目印となっている言葉である。それはセプチュアギンタ（旧約聖書の七十人訳）でルーアッハをギリシア語に訳したとき用いられた。これが新約聖書では人間のために用いられ、霊や単に人間を意味する。[3] しかし「霊」（pneuma）は「肉」（sarx）と対立する概念である。この霊は神の活動と力なのであって、その働きは人間に及んでいる。この霊がキリスト者を捉えると、人は「肉的に」ではなく、「霊的に」生きる（ローマ8・9）。こうして自分の生活の中にいわば新しい次元が生まれ、人の存在は神の秩序から整えられる。これが神から生きる「霊の人」（pneumatikos）であり（Ｉコリント2・14、15 自然の人は神の霊に属する事柄を受け入れません。その人にとって、それは愚かなことであり、理解できないのです。霊によって初めて判断できるからです。霊の人は一切を判断しますが、その人自身はだれからも判断されたりしません。）、「生まれながらの人間」(psychikos) から区別される。霊的な人はキリストと一つになって生きる。[1]

しかし、この「霊」の次元は現実にはいまだ実現しておらず、完全な実現は将来のことであるが、すでに人間はその次元の全体的な実現に向かう途上にある。ここではキリストとの霊的な一体化がどのように把握されているかを考えてみよう。

人間の心には悪霊が住みつくことができるし、イエスがそれを追放して神の国に導き入れられることもできる。わたしたちはここに霊性の受容機能を見てそれと知ることができる。悪霊との関係で明瞭となるのは、人間の心には「ものの虜《とりこ》となる」という特質、受動的な心の機能があって、これが霊性の特質となっている。心はその霊性によって諸々の悪霊の虜(奴隷)となることも、神の霊によって新生し、神の子どもとなることもできる。

この「神の国」は強調点のおき方で二つの側面が照らしだされる。第一は「神の」という超越的な上からの局面である。この契機はイエスが神の名称として多く用いた「天の父」と関連している。「天」は神の超越性を、地に対し「まったく他なる」存在を端的に示す。天の高みにいます神はイザヤ書では「イスラエルの聖者」(「イスラエルの聖なる方」、「イスラエルの聖なる神」)とも繰り返し呼ばれ、審判する、畏怖すべき存在でありながら、同時に「父」という慈愛と恩恵にみてる姿をとる。第二の側面は「国」という地上の支配形態である。イエスは旧約以来説かれてきた神の王的支配の実現を自己の神の国思想の内実とみなした。それは神と人との仲立ちなる彼を中心にする交わりの中に形をとって出現している。この交わりは生ける事実であって、イエスとの邂逅《かいこう》を通して、しかも悔い改めと信仰によって参入することがゆるされる。

2　共観福音書のイエス像

イエスと出会った人びとは、イエスをキリストと告白する経験を伝えている。この経験は日常性を超える秘儀を含んでいた。それは人格間に生起交流していても、外見からはわからない隠された意味を秘めているが、それを通してイエスの人格の秘密と神の意志の内奥《ないおう》が啓示される。したがってイエスとの出会いには日常の経験を超える永遠的な意味をもつ出来事が生起し、そこには不思議なものがあって、イエスと直接出会った人たちだけでなく、その後も、パウロをはじめ多くの人たちが今日に至るまでくり返し経験している神秘が認められる。その理由は一つに、イエスがいわゆる指導者ではなかった点に求められよう。指導者は特定の時間・空間において人びとの手をとって導くものであり、一時的であることを本質とする。第二に、イエスはソクラテスと同じく模範的人物であり、いかなる人でも師表《しひょう》（世の人の模範・手本となること。また、その人。）として仰がれる偉人であった。模範的人物は時間・空間を超えて人びとを導くのである。第三に、イエスは単なる模範的人物である理想の人ではなかった。そのような人はいつも高きところの未到の境地に住まっている。そうではなくイエスは人びとの「あいだ」に来たり、他者とともに生きる愛の人である。彼の方から人びとの「あいだ」に交わりを開き、永遠者なる神との交わりに招く。彼は神の聖者である。

　このイエスとの出会いは永遠者との大いなる邂逅《かいこう》にまで人びとを導いてゆく。そこでまず、イエスが招いている「神の国」について述べ、この国に招かれていった人たちの姿をイエスとの出会いから学んでみよう。この邂逅の秘義はあますところなく解明できる性質のものではなく、若干の例証をもってそれを指摘し、それに触れることができる非明示的なものである。

　マルコ福音書には「ヨハネが捕えられた後、イエスはガリラヤに行き、神の福音を宣べ伝えて言われた、『時は満ちた、神の国は近づいた。悔い改めて福音を信ぜよ。』」（1・14：口語訳）と。マルコはイエスの公的活動の開始についてこのように伝える。その記事の特質は「時」と「神の国」という言葉に示され、マタイの並行記事は旧約からの思想史的背景を伝え（マタイ4・12—17）、ルカはイエスの説教の行なわれた様子を描いている（ルカ3・23：4・16—31）。その「時が満ちた」といわれる「時熟」（カイロス：時間に命があることを的確に表現した言葉。）には、イエス自身30歳の年齢に達していたこと（ルカ3・23 イエスが宣教を始められたときはおよそ三十歳であった。）と時代も救い主を待望していたことが含まれている。イエスのカイロスに示されているように、人生の時は全体的な歴史の時と一つに結びつく時期をもっている。それは決断の時となり、このとき、人間は自己の使信をたずさえて歴史に登場する。ここに人間の使命がある。イエスはいまこれを遂行せんとしていた。

　カイロスを知らせる兆しは洗礼者ヨハネの逮捕であった。イエスはこの機会をとらえ、預言者の系列のなかに自己を組み入れ、ヨハネの志を継ぐ者として自己を示したが、実は預言者に優る存在であった。それはイエスとともに到来している「神の国」思想に明らかである。

「神」に関する預言者的表象にはイザヤにみられるように、「インマヌエル」、つまり人間とともに神がいますという姿がともなわれている。モーセに授けられた「神の名」は「わたしは在るであろう」であるが、それに加えられたのが「まさにわたしが在るであろうものとして」であって、その意味は「いつものように、あらわれた姿の中にわたしはいつも存在する」というのである。神はみずからを絶対者とも永遠者とも名づけないで、イスラエルとともにあり、ともに歩み、民を導くことを望んでいると言う（出エジプト3・1―15）。このようなインマヌエルとしての神がイエスにおいて形をとって到来したのである。こうしてイエスがヨハネの捕縛を決断の時と感じ、「神の国」を説きはじめたことは、洗礼者ヨハネの「預言」が「実現」をみ、律法の完成となるものとして自己を証言したのである。

だがイエスは「悔い改めて、福音を信ぜよ」と語ったとしか伝えられていない。思想家のようにあれをせよ、これをやめよと論じないし、政治家のような綱領もプログラムも、革命家の檄文もない。彼は不思議にも神のわざを指し示し、よき告知としての福音を信じるために、ただ悔い改めをすすめるだけである。神の国に関する研究者のなかには、それは十字架の後に信徒が理解したことを指し、これが福音書の初めにもって来られたのであって、「神の国は近づいた」というのはやがて十字架で完成するイエスの贖罪の開始をいう、と説く者もいる。十字架はイエスのわざの最高峰をなしているにしても、イエスの人格とわざをこのように分けてみることは不当であろう。人格はわざを含むが、それよりも優っている。イエスの福音はイエスが全信頼を寄せていた神に対し「アッバ、父よ」と呼びかけ、神との間に交わりが成立していることを意味する。なぜなら「実に、神の国はあなたがたの間にあるのだ」（ルカ17・21）とイエスは語っているから。このことはイエスの先駆者ヨハネに与えたイエスの回答にも表明されている（ルカ7・22 行って、見聞きしたことをヨハネに伝えなさい。目の見えない人は見え、足の不自由な人は歩き、重い皮膚病を患っている人は清くなり、耳の聞こえない人は聞こえ、死者は生き返り、貧しい人は福音を告げ知らされている。）。わたしたちはイエスとともに生じている神との交わりの現実に目が開かれ、福音の力に促がされて、悔い改めるようになる、父なる神との交わりに招かれている。そこには神との父子の関係とキリストとわたしたちとの兄弟の関係が拓かれ、キリスト神秘主義の基礎が据えられた。

3　パウロの「キリスト神秘主義」

パウロは「キリストは律法の目標であります、信じる者すべてに義をもたらすために」（ローマ10・4）と言う。彼はイエスが説いた福音を「律法の目標」つまり「終わり」と規定した。キリストによって律法の時代が終わり、新しい福音の時代が到来した。それゆえキリストこそ律法と福音とによって支配される二つの時代が入れ替わる転換点であると彼は理解した。したがって契約に始まり、律法を経て福音へと進展する聖書宗教の発展の最終段階に今や達したと彼はみなし、このことを人間の成長により人間学的に反省して、次のように語る。

相続人は、未成年〔の子ども〕である間は、全財産の所有者であっても僕《しもべ》と何ら変わるところがなく、父親が定めた期日までは後見人や管理人の監督の下にいます。同様にわたしたちも、未成年であったときは、世を支配する諸霊に奴隷として仕えていました。しかし、時が満ちると、神は、その御子を女から、しかも律法の下に生まれた者としてお遣わしになりました。それは、律法の支配下にある者を贖《あがな》い出して、わたしたちを神の子となさるためでした。（ガラテヤ4・1～5）。

ここには子どもから大人への成長によって新しい人間の生き方が示される。ユダヤ教では12歳の誕生日に子どもはシナゴーグ（会堂）に連れていかれ、両親のもとを離れ、直接神との関係に入り、律法の子とされた。それゆえ子どもはごく小さいときから「十戒」のような神の律法を徹底的に教え込まれた。イエスの時代の古代ローマ社会でも同じ時期に特別な教育期間がもうけられていた。パウロは、まずはじめに、単なる未成年の子どもと区別して、子もしくは息子を成人した相続人とみなし、息子が子どもであったときは、管理人や後見人のもとにあって下僕と変らない奴隷に等しく、この世を支配する「諸霊」（始原の勢力）のもとにあったと説いた。「諸霊」（ストイケイア）という語は「初歩的教え」という意味に由来する言葉であって、初歩的教育段階としての「律法」を指すと考えられた。パウロはこの諸霊を律法と同一視して、キリストが出現し、「子たる身分」を授けるまでは、人間は未熟な者で律法の支配下にあると考えた。「御子《みこ》」キリストは「現世的な諸霊の力」と対決し、神々・天使・権力・戒めなどの社会を動かす力から人間を解放して、「神の子」とされる。

イエスの時代は奴隷制社会であったから、「主人と奴隷」という上下の関係で社会の秩序が保たれていた。まだ専制君主制の時代であったから、今日のような自由はどこにも見いだされなかった。ところがパウロはイエス・キリストを通して全く新しい神との関係にわたしたちは招き入れられ、神を「アッバ、父よ」と呼ぶことが起こった。

ではこの関係はどうして生じたかというと、信徒がキリストとともに死に、キリストとともに生きる経験から起こっており、そこにキリスト神秘主義が実現したからであると説いた。このようなキリストとの関係に入った人は、もはや奴隷のように主人を恐れる必要がなく、新生の喜びに生きることができる。このようにキリスト教において生じた人間観の根本的な変化は神と世界に対する態度、つまり神への信仰と隣人への愛において現われる。

このような根本的な変化は神秘主義においても表明することができる。A・シュヴァイツァー(Albert Schweitzer, 1875~1965)は、『使徒パウロの神秘主義』の冒頭において、神秘主義を定義して、「人間存在が、現世的なものと超現世的なもの、時間的なものと永遠なものとの分裂を克服されたものとみなし、現在なお地上的なもの時間的なもののうちにとどまりながら、しかも自らを超現世的なもの永遠なもののうちに参入せるものとして体験するとき、そこに常に神秘主義があるということができる」(5)と言う。さらに彼は神秘主義を、原初的・呪術的神秘主義と完成した・思惟神秘主義（Denk-mystik）とに分けて考察し、パウロの神秘主義は、原初的（呪術的）神秘主義と完成せる神秘主義（思惟神秘主義）との間にあって、全く独特の位置を占めるものであると主張した。パウロの神秘主義は、原初的神秘主義の宗教的諸観念をはるかに高くぬきんでているにもかかわらず、完成せる神秘主義（思惟神秘主義）の場合おおむねそうであるように、神―神秘主義に帰することなく、あくまで「キリスト神秘主義」（Christus-mystik）にとどまっていることに特徴をもっている。「パウロには、神―神秘主義というものは存在せず、キリスト神秘主義があるのみである。人間が神との交わりに入るのは、キリスト神秘主義を通してなのである」(6)。そして、このパウロのキリスト神秘主義の根本思想は、とりわけ「わたしはキリストにある」という定式、ただしシュヴァイツァーによれば、「キリストにある」ということは、より根本的にいって、「キリストと共に死にかつ甦っていること」を表現する言葉である。

このパウロのキリスト神秘主義はどのような経過をとってルター（Martin Luther, 1483~1546）の思想に流入したのであろうか。これがこれまでわたしにとって究明すべき主たるテーマであった。その際、中世のキリスト教ではキリスト神秘主義はクレルヴォのベルナール（Bernardus Claraevallensis, 1090~1153）以来「花嫁―神秘主義」（Braut-mystik）という形で表明されるようになってルターに及んでいる。

4　ヨハネ福音書

シュヴァイツァーによると、パウロはその思想のうちに、キリスト神秘主義のみがあって、それに神・神秘主義を伴わないところの唯一のキリスト教思想家である。ところがヨハネの神学においては、神・神秘主義とキリスト神秘主義との両者は、並列的にまた互いに入りくみあった形であらわれている。ヨハネのロゴス・キリストは、「キリストにある」ことと、「神にある」こととのいずれについても語っており、「神にある」ことが「キリストにある」ことによって媒介されている。それ以来、キリスト教において、キリスト神秘主義と神・神秘主義が混入するということになった(7)。

ヨハネの時代はパウロの時代から数十年の隔たりがあって、背後の精神的状況も変化している。ヨハネではパウロのようなユダヤ教との格闘はない。パウロは「ユダヤ人と異教徒」を救うと言う。ヨハネは「世界を救う」と言う。パウロにとってユダヤ人は特別な関心の対象であった。彼はユダヤ人の不信心、またその救いに心を痛めていたが、ヨハネはユダヤ人に対し特別な関心を払っていない。したがってヨハネはパウロよりも理解の範囲が広いといえよう。

またパウロと共観福音書ではイエスの十字架上の贖罪死が大問題であったのに対し、ヨハネの関心は「栄光のキリスト」に集中する。その結果がパウロの神秘主義が「キリスト神秘主義」(Christus-mystik)となり、ヨハネのそれは「神の神秘主義」(Gottes-mystik)となっている。しかしいっそう厳密にはヨハネのそれは「キリストを通しての神との交わり」を求めており、二つの神秘主義は混入している。とりわけその混入が「交わりの神秘主義」となっている。たとえばこう言われる。

また、彼らのためだけでなく、彼らの言葉によってわたしを信じる人々のためにも、お願いします。父よ、あなたがわたしの内におられ、わたしがあなたの内にいるように、すべての人を一つにしてください。彼らもわたしたちの内にいるようにしてください。そうすれば、世は、あなたがわたしをお遣わしになったことを、信じるようになります。あなたがくださった栄光を、わたしは彼らに与えました。わたしたちが一つであるように、彼らも一つになるためです。(ヨハネ17・20—22)。

この交わりは生命を授けることを目標としていた。それはたとえばヨハネ福音書の第4章に物語られているイエスとサマリアの女性との出会いに明らかになっている。[8] イエスがサマリアを通過して郷里のガリラヤへと旅をしたとき、シカルという村の近くにあった歴史上有名な「ヤコブの井戸」で休息した。そこに一人のサマリアの女が人目を避けるようにひっそりとやって来た。弟子たちが食糧の調達に出かけたあとに、井戸端に座したイエスは渇きを覚え、水瓶を携えてきた女に当時のしきたりに逆らって「水を飲ませてください」と言って語りかけた。この対話は身体の渇きを癒す井戸の中の「流れる水」からはじまり、人々を生かす「生ける水」を経て「永遠の命に至る水」へと飛躍的に進展する。実際、ヤコブの井戸の水はしばらく渇きをいやすに過ぎないが、イエスが授ける水は、どの人の中でも一つの泉となって、もはや渇きを覚えさせない。それは「命を与えるのは〝霊〟である。肉は何の役にも立たない。」（ヨハネ6・63）とあるような「人を生かす霊」、つまり「霊水」である。イエスからこの生ける霊水が湧き出て、そこに神の救いと永遠の命が「人を生かす真理」として啓示される。それでも女はどうしてもこれを理解することができない。「生きた水」とは何か不思議なものであるのか、それともそれがあればもう水くみという女の労働から解放される、奇跡の水ぐらいに考える。彼女には奇跡とは日常生活を楽にしてくれる御利益をもたらすものだったのだ。だがイエスは女の夫のことで、神性を示し、彼女を信じるように導く。女は驚いてイエスに問う。「あなたは、わたしたちの父ヤコブよりも偉いのですか」。それに対しイエスは前に述べたように答える（ヨハネ6・63）。このようにして「女と夫」という「人と人」との親密な交わりから「神と人」との霊的な交わりに発展し、「真理と霊による礼拝」を説くようになる。「真の礼拝をする者たちが、霊と真理とをもって父を礼拝する時がくる。今がそのときである」（4・23）。「神は霊である。だから、神を礼拝する者は、霊と真理をもって礼拝しなければならない」（4・24）と。その意味は、神は霊であるから、人は霊によって礼拝すべきであるということである。したがって聖書によると霊は人に授けられた力であって、人を生かすのであるが、そのさい神の霊は真理をもって人間を照明し、正しい自己認識に導くと同時に、偽りの祭儀・虚偽の宗教・神に敵対する諸々の霊力から人間を解放し、真実な神と人との交わりを創造する。というのも生身の人間は自分を超えた諸々の霊力の餌食になっている場合が多いからである。こうして、すべてこの世の内なる、にせ物の、したがって不法の祭儀は神の子の派遣によって一挙に打ち破られたのである。ヨハネの思想はこの「交わりの神秘主義」であると言えよう。そこにはキリストを介して神との交わりが拓かれるがゆえに、「キリスト神秘主義」と「神―神秘主義」の総合であるということができる。

注

（1）ルーアッハは総例389のうち113例が自然力である風を意味している。また神に関して136回用いられ、人間と動物また偶像には129回にすぎない。したがってこの概念は神学的・人間学的概念として扱わなければならない（ヴォルフ『旧約聖書の人間観』大串元亮訳、日本基督教団出版局、79頁参照）。

（2）この霊はそれ自体で非物質的なものではない。むしろ霊は風や息の自然力を意味しており、神は人間を生かす生命力として鼻に命の香りを吹き込んでいる（創世記2・7）。

（3）そのとき何か人間自身を超えたもの、その本質を超えたものが言われていると考えるべきではない。しかし、「霊」という言葉は神の霊を言い表すや直ちに全く別の意味をもっている。

（4）この「霊」をトレモンタンは「人間の中の超自然的部分」であり「人間の中にあって神のプニューマとの出会いが可能なところのもの」と言う。この部分のゆえに神の〈霊〉の内在ということが異質的な侵入とはならないで、異邦の地における大使館のように準備されている（C・トレモンタン『ヘブル思想の特質』西村俊昭訳、創文社、178―192頁）。

（5）A・シュヴァイツァー『使徒パウロの神秘主義』武藤一雄訳、「著作集」第10巻、白水社、19頁。

（6）A・シュヴァイツァー、前掲訳書、22―23頁。

（7）A・シュヴァイツァー、前掲訳書、26頁。

（8）拙著『私たちの信仰――その育成をめざして』「11　霊と真理による礼拝」61頁以下、ヨベル、2020。

［談話室］　キリスト神秘主義

わたしが大学で勉強していた1950年代の前半にはシュヴァイツァーの『著作集』が出た頃で彼の作品はよく読まれた。わたしも彼の作品を多く読んでその思想にすっかり魅せられたものであった。わたしの先生方や先輩もその訳に携わり、話題がその優れた思想に集中するのが常であった。そんなわけで『使徒パウロの神秘主義』は大学院時代に原書で読んでみた。その後、恩師の武藤一雄先生が講義でその思想を採り上げたばかりか、翻訳もなさったので、ますますシュヴァイツァーに心酔してしまった。「パウロには、神─神秘主義というものは存在せず、キリスト神秘主義があるのみである。人間が神との交わりに入るのは、キリスト神秘主義を通してなのである」(1)。そして、このパウロのキリスト神秘主義の根本思想は、とりわけ「わたしはキリストにある」という定式、ただしシュヴァイツァーによれば、「キリストにある」ということは、より根本的にいって、「キリストと共に死にかつ甦っていること」を表現する言葉である。その後、ルターの神秘思想を研究したとき、彼の神秘思想も、「神─神秘主義」ではなく「キリスト─神秘主義」であること見いだし、すっかり魅了されてしまった。このように優れた神秘思想も残念ながら今日では余り問題にされなくなってしまった。ところが昨年『森明著作集』(第2版)が出された折りに、彼の思想がルターと酷似するキリスト神秘主義であって、優れた贖罪論を展開していることに気づいた。この『著作集』の最後を飾る戯曲「霊魂の曲」を参照すると、その特質が浮かび上がってくる。そこに彼の人間観と霊性思想が展開する。

この戯曲では鋭敏な良心が死の前での絶望から出発し、キリストに「寄りすがる信仰」によって救われる。この点ではルターの思想と一致し、信仰の作用である「霊」は「神の前に立つ意識」である「良心」によって表明される。

なぜ私の良心は、罪を犯すたびに、もっと鋭敏に私を責めなかったのだろう。こんなおそろしい結果が来るのに……おお、責めたのだ。私はその声を強いて聞くまいとして、苦しみぬいたではないか。そして良心の強い叫びを強いて打ち消すたびに、良心の眼にはっきりと、聖《きよ》く懐かしく輝かしく微笑しながら、いつも私を励まし慰め、精神的に生き生きとさせていて下さったキリストの聖顔《み》が、だんだんぼんやり掻き消すようになっていったのだ。最初私は驚いて慄《ふる》え上がって、罪を悔いて祈った。そして心に平安を取りかえした。まもなく、私が再度同じ罪を繰り返して犯した時、私は祈る道を失ってしまった。……私は常々、肉が罪を犯させるのだ、この肉の力が衰えたら、その時こそ、わが本心が希うている霊に自由な光り輝く勝利が来るのだと思って、いつも二つのものを考えていたが、愚かなことであった（『森明著作集』［第2版］ヨベル、442–443頁）。

戯曲の終わりには注目すべき対話がキリストと霊魂の間に交わされる。

キリスト　誰に赦されたいのだ？

霊　魂　主キリストから。

キリスト　お前は私をやはり愛しているね……なぜ顔を上げないのだ。なぜ下ばかり見て、私の声を聞き分けられないのだ？

霊　魂　仰ぎ見ることは恐ろしいのです。私から聖顔を反向《そむけ》ていらっしゃる主を眼の当たり仰ぎ見ることは……何よりも恐ろしいのです……私はそれが死よりも亡びよりも堪え難いのです。

キリスト　お前を私は憐れみ、愛《いつく》しむ。お前はもう仰ぎ見るがよい。
（霊魂、頭をもたげ、急に両手を差し上げながらひざまずいて）

霊　魂　おお、いまのお声は主でいらせられましたか？（前掲書452頁）

このようなキリストと魂との関係はパウロでは父子の関係から論ぜられ（ガラテヤ４・６参照）、中世の神秘主義者クレルヴォーのベルナールでは『雅歌の説教』で花婿と花嫁の親密な関係から説かれ、それがルターの義認論の根底に据えられた（ルター『キリスト者の自由』第12節参照）。内村も救いを仰ぎ見る「仰瞻《ぎょうせん》」に置いた。だが森はさらに一歩深めてキリストを一方的に仰ぎ見るのではなく、「お前を私は憐れみ愛《いつく》しむ」というキリストの声を聞いた。ここに贖罪はキリストの愛から起こってくるという深い洞察にまで到達する。このことは贖罪論を一般に古代社会の奴隷解放にも、内村の刑罰代受説にも帰さないで、キリストを「花嫁を迎える花婿」（ヨハネ３・29）として捉えさせる。このことは「主がそうすることをのぞみたもうたからだ」という森がその弟子奥田成孝に漏らした言葉によっても表現されており、「恩寵経験が愛の純粋性の深み」にまで達していることが知られる（基督教共助会出版部編『恐れるな、小さき群れよ』ヨベル、２０１９年、70頁）。

（1）A・シュヴァイツァー、前掲訳書、22―23頁。

6　神の属性としての聖性

わたしたちが「神」を考えるとき、アウグスティヌスのように「それよりも何ものも大きくない最高の存在者」とか、ルターのように「全能者」とかを考えるに際し、さらに「永遠者」や「絶対者」などを考え、一般的には「全知、全能」こそ神にふさわしい名称であると考える。唯物論者のフォイエルバッハ（Ludwig Andreas Feuerbach, 1804 - 1872）によると、そうした全知全能の神ははかない人間が懐く願望に過ぎない。これは宗教の願望説であると言われる。またルターのように全能者を前に畏怖を感じて絶望すると、シェーラーのようにそれは恐怖説に過ぎないとも言われる。

ところでわたしは大学二年生のときルドルフ・オットー（Rudolf Otto, 1869 - 1937）の『聖なるもの』を読んで、宗教体験の現象学的な解明の意義を学んだ。この著作はルターの神体験にもとづいて展開していた。しかし、この著作の後半に展開する宗教心を当時流行していた心理学的な説明もどうしても納得できなかった。そこにはその当時流行していた宗教への主体的な実存的なアプローチが見られないことに不満を覚えた。その後マックス・シェーラー(Max Scheler, 1874 - 1928)の『人間における永遠なるもの』所収の「宗教の問題」という論文によって、宗教の機能を「宗教的な作用」として学び、それを霊性の機能という観点から解明するようになった。この点に関してはルターから多く学ぶことができた。ルターの宗教体験にはオットーの言う「戦慄すべき秘儀と魅するもの」との関連が見事に展開していることを知り、ここにこそ宗教の本質が捉えられていると感じた。この「聖なるもの」(das Heilige) とは「聖性」(Heilichkeit) という「属性」(Eigenschaft) であって、これこそ神の本質規定なのであると考えた。

1　聖なるものの属性

神の「聖なる性質」つまり「聖性」は神や人間において観察できる性質であり、神においては本質的に所有されている性質、つまりその属性であるのに対し、人間の場合には、聖性に与っている「聖人」とか「聖徒」のように、聖性はどちらかというと非本質的・分有的・偶有的に所有されうる特性と言えよう。また、旧約聖書では、とりわけイザヤ書では神を「イスラエルの聖なる方」と呼び、「聖性」が人間的な表象である「聖者」の姿をもって象徴的に語られている。このことは神が元来対象的には理解できないことに由来する。「あなたはいかなる像も造ってはならない」（出エジプト20・4）という十戒の第二戒は神を何らかの形で対象化することを禁じている。そのため、神の属性の聖性は「聖者」という人間的な表象によって類比的に語らざるをえなかったことが理解できる。(1)

この種の神の経験をオットーは「被造物感」（Kreaturgefühl）とみなし、これによって被造物を絶対に超越し、無限の尊厳と威力とをもって感得される「絶対的な他者」に直面したときの人間の卑小さと虚無感とを表現しようとする。こうした被造物感の前提には人間が神に直面したときに感得される「聖性」の理解が存在する。この理解が概念や論理の通じない非合理的なものであり、「聖なるもの」（Das Heilige）という言葉も「聖なる義務」とか「聖なる法」といった具合に合理化されているため、彼は理性的に概念化できない「残余《ざんよ》」にこそ宗教の本質があるとみて、ラテン語で「神性」を意味するヌーメンからヌミノーゼ（ヌーメン的なるもの）という言葉をつくり、神観に表出されている非合理的要素を摘出し、これにより聖性の固有な特質を捉えようとする。

オットーは、その名著『聖なるもの』で説いているように、神の属性たる聖性が概念や論理を超えた、不可解な「言い難いもの」「規定できないもの」であり、人間にとりあくまでも「神秘」

であり、「絶対的な他者」であると言う。こうした一般的特徴にさらに「荘厳」「力」「巨怪」「崇高」などの特質を付け加える。彼はヌミノーゼがわたしたちに対し何よりも「不気味なもの」として現われ、恐怖と戦慄とを引き起こし、宗教的畏怖となっていることから、それを「戦慄すべき神秘」(mysterium tremendum)と規定する。この神性のデモーニシュな側面に対し、人間を不思議な力で引き寄せ、魅惑し、それとの交わりや一体化を希求させる「魅する神秘」(mysterium fascinans)を対置さた。

この神性のデモーニッシュな側面と魅するものとの関連が、旧約聖書では「異象と神の言葉」によって表明されているように思われる。

2　異象と神の言葉、イザヤの場合

異象は旧約聖書では多く見られる現象であるが、神の聖性と深く関連するのはイザヤの異象体験である。神は「イスラエルの聖なる方」と呼ばれ、イザヤが預言者として召命を受けたとき、神がセラフィムという天使たちによって「聖なるかな」と三唱されて讃美されている異象を見た。

ウジヤ王が死んだ年のことである。わたしは、高く天にある御座に主が座しておられるのを見た。衣の裾は神殿いっぱいに広がっていた。上の方にはセラフィムがいて、それぞれ六つの翼を持ち、二つをもって顔を覆い、二つをもって足を覆い、二つをもって飛び交っていた。彼らは互いに呼び交わし、唱えた。

「聖なる、聖なる、聖なる万軍の主。
主の栄光は、地をすべて覆う。」

この呼び交わす声によって、神殿の入り口の敷居は揺れ動き、神殿は煙に満たされた。わたしは言った。

「災いだ。わたしは滅ぼされる。
わたしは汚れた唇の者。
汚れた唇の民の中に住む者。
しかも、わたしの目は
　王なる万軍の主を仰ぎ見た。」

するとセラフィムのひとりが、わたしのところに飛んで来た。その手には祭壇から火鋏《ひばさみ》で取った炭火があった。彼はわたしの口に火を触れさせて言った。

「見よ、これがあなたの唇に触れたので
　あなたの咎は取り去られ、罪は赦された。」（イザヤ書6・1―7）

このイザヤの召命物語は、イザヤの召命の報告とアハズ王との交渉の物語から成立しており、その背景にはアッシリアと対決したシリア・エフライム戦争（前735年頃）という歴史的事件が介在する。当時北イスラエルはアッシリアに対抗するために、シリアと同盟を結んでいた。動揺したユダの王アハズは多くの助言者に助けを求めた。その中に預言者イザヤがいた。イザヤは大国に対する中立政策を献策した。この「イザヤの召命」の物語は、正しくは神の裁きの使信を神の民に伝えるという彼自身が受けた委任の報告である。この物語はまず神殿で彼が神を見た幻で始まる。直ちに預言者は自分がヤハウェの天上の会議に人間として出席を許された者であることに気がつく。聖なるものを前にして恐れを感じたので、祭儀的に清められた後に、イザヤは会議の決定を告知する者として選ばれる。だが彼が聞いた使信はきわめて厳しく、「民の心をかたくなにし／耳を鈍く、目を暗くせよ。目で見ることなく、耳で聞くことなく／その心で理解することなく／悔い改めていやされることのないために」という命令が伴われていた。

イザヤは天使セラフィムの「聖なるかな」の三唱をもって神を賛美する。彼が神殿で見た神は高きに住まう崇高な存在であるのみならず、「主の栄光は、地をすべて覆う」とあるように強力な支配力を有する。それは世俗からの分離や隔絶や超絶のみを表わさず、同時に神殿にみなぎる神の栄光の幻のように、地上に光り輝く特別な支配であった。この神は歴史を支配し、神の王的支配をきずく「イスラエルの聖者」である。その支配は、罪の贖いを与え、かつ神を信頼する信仰を求める。ここに「聖」が俗と分離しながら、俗を生かす神の力の属性として示される。

わたしたちは、ここでは、とくに神の属性としての「聖性」をイザヤの神観によって考察してみよう。イザヤの召命について、「イスラエルの聖なる方」という表現に限定して聖性について考えてみたい。イザヤ書では27回もこの言葉が頻出している。もちろん40章以後の第二イザヤの方が15回もこの言葉を使用しており、内容的にもイスラエルを「審判する者」から「贖い救済する者」に変化させて使用する。それはアッシリアとバビロンによる滅亡と再建という歴史的大事件がその間に起こっていることによる。イザヤはアモスと同様に正義の神によって選ばれた民はその選びにふさわしく正義を実現すべきであるとの倫理に立っている。そのため「イスラエルの聖なる方を侮り、背を向けた」(イザヤ1・4)ことを彼は責めているが、その背景には正義、善、真実、知恵といった合理的要素がヌーメン的なものに加えられていることが知られる。これは第二イザヤにも継承されており、正義に違反した罪に対する神の贖罪の業《わざ》が「苦難の僕《しもべ》」の歌を通して強調されている。ところがヌーメン的なものの特質は「神の怒り」「嫉妬」「焼き尽くす火」といった情緒的言葉によって表出されている。

イスラエルの光である方は火となり
聖なる方は炎となって
一日のうちに茨とおどろを焼き尽くされる。(イザヤ書10・17)

このような神に対する人間の正しい態度は「畏怖」である。だから「万軍の主をのみ、聖なる方とせよ。あなたたちが畏るべき方は主。御前におののくべき方は主」(同8・13)と言われる。このような畏怖と同時に強調されているのは神の贖罪の恵みである。

万軍の主は正義のゆえに高くされ
聖なる神は恵みの御業のゆえにあがめられる。(同5・16)

とくに第二イザヤは神の贖罪の業を力説している。イスラエルの聖者は同時に「贖う者」「救い主」と呼びかけられている。こう語られる。

イスラエルを贖う聖なる神、主は
人に侮られ、国々に忌むべき者とされ
支配者らの僕とされた者に向かって、言われる。
王たちは見て立ち上がり、君侯はひれ伏す。
真実にいますイスラエルの聖なる神、主が
あなたを選ばれたのを見て。（同49・7）

こうしてイザヤの神観「イスラエルの聖者」という名称には畏怖すべき正義の神と愛すべき恵みの神との対立する二つの要素が同時に見いだされる。したがってわたしたちはここにオットーが「ヌーメン的なもの」を定式化した「戦慄すべき神秘と魅するもの」と同じ内容の事態が存在していることを知る。同じことはイエスの「天にいますわたしたちの父」という神に対する呼称にも見いだされる。なぜなら「天」は「地」から隔絶した恐るべき秘密を表現し、「わたしたちの父」はわたしたちに近い親密さを言い表わしているからである。

3　モーセの異象と神の言葉

旧約聖書の神はこれまでは天使や夢によって自らを顕現したが、モーセの召命の物語では「燃え尽きない柴」という異象が日常的経験とは異質な出来事として起こってから、神が言葉をもって語りかける様式が採られた。

このような形式の典型的な例は預言者エリアの経験に示されている。彼は激しい暴風と大地震と大火の後に神の声を聞いた。「見よ、そのとき主が通り過ぎて行かれた。主の御前には非常に激しい風が起こり、山を裂き、岩を砕いた。しかし、風の中に主はおられなかった。風の後に地震が起こった。しかし、地震の中にも主はおられなかった。地震の後に火が起こった。しかし、火の中にも主はおられなかった。火の後に、静かにささやく声が聞こえた」（列王記上19・11—12）。このことは「異象と言葉」の組み合わせを暗示し、ルドルフ・オットーが捉えた宗教経験の特質である「恐るべき神秘と魅するもの」（mysterium tremendum et fascinans）を含意する。

モーセが羊を飼いながら神の山ホレブに来たとき、彼はこのような異象を経験し、そこで聖なるものの現象に直面した。異象はその非日常性や触れてはならない禁忌《きんき》（タブー）を伴って現われる。だが重要な契機は続いて神がその言葉をもってモーセに呼びかけて、「あなたの立っている場所は聖なる土地だから」と告げ、「履物《はきもの》を脱ぎなさい」と命じていることである。この現象ではまず天使が登場し、異象が起こり、聖なる神が声を発して人に語りかけ、人が立っている所が「聖なる地」であるとの認識が起こる。ここには旧約聖書における「聖体顕現」(Hierophanie = hieros「神聖な」+ phainomai「現れる」)が典型的に示される。

モーセはミデアンの地にやって来て、この地域のベドウィンたち(小家畜飼育者)から、彼らが夏の初めに新鮮な牧草のある山地に入るという話を聞いた。そこで彼は舅《しゅうと》の羊をよい牧草地に連れて行こうとして、羊をいつもの草原を越えて連れ出した。そこで彼は思いがけずホレブ山もしくはシナイ山と呼ばれる「神の山」までやって来た。それが昔から「神の山」と呼ばれていたのは、多分、火山性のものであれ、別の種類のものであれ、神秘的な諸現象がその山で認められたからであろう。

ここでモーセは、「柴の茂み」が燃えているのを見る。ところが柴《しば》の茂みが燃え、炎が高く上がっているのに、柴が燃え尽きず、炎の中に「ヤハウェの使者」がモーセに姿を見せる。そうした自然現象として現れる神的な存在は非人格的なものに過ぎないとしても、神の呼びかけが起こって対話が交わされる場合には、人格的要素が加わってくる。そのような場合、炎は柴の茂みを焼き尽くすことなく、神的な存在も自らを消滅させない。それはすべてを焼き尽くしてしまう火ではなく、燃え上がっても、なくならない。この異象の中でモーセは神と出会うのである。

この物語では神が火の中に宿るものと考えられており、「柴の中から」モーセに呼びかける「声」として神は顕現する。この声が言葉を伴うことによって異象はやがて「神の啓示」を引き起こす。

ヤハウェは、モーセが歩み寄るのを見ると、「柴の中から」彼に呼びかける。この呼びかけによって神は自分が選んだ者にその現臨を知らせている。それにモーセが「ここにいます」と答えると、今度は、その限界を超えないように足から履物を脱ぐように命じられる（履物の意味は他人の土地を占有しようとする「くつ」である。ルツ記4・7参照）。この命令は「聖なるもの」を汚してはならないという「禁忌」（タブー）つまり接近や侵入の禁止令である。そこで接近を禁止した神は、自分が誰であるかをその言葉によって告げる。こうしてこの異国の地で神は「彼の父としての神」、したがってアブラハム・イサク・ヤコブという先祖の神にほかならないことを告知する。

モーセがシナイ山で「発見する」のは見知らぬ神ではない。それは族長たちの神である。それにもかかわらずこの神は、姻戚の人々がモーセに「この山に住んでいる」と好んで物語った神にほかならない。モーセはミディアン人たちのところへ来たことで、実は族長たちの生活の中に来ていたのであり、彼は燃える柴の中で経験した神を族長たちの神として体験した。

この不思議な出来事に出会ってモーセが神にその名前を聞くと、答えもまた不思議なのであり、「わたしはありてあるものである」(I am who I am.) であった。その意味は形而上学な「存在そのもの」といった意味にヨーロッパの古代や中世の思想家によって理解されたが、本当は「わたしはいつもあなたと共にいる」という意味であって、「アブラハムの神、イサクの神、ヤコブの神」つまり先祖たちといつも「そばにいたもう神」なのである。(2) ヤハウェは単に激しい暴風と大地震と大火とともに現れる「怖るべき神」ではなく、その言葉に聴従する者に限りなく恵みをほどこす愛なる神であった。イスラエルはこの神を自分たちとたえず共にあるものとして経験した。神は告げる、「わたしは必ずあなたと共にいる。このことこそ、わたしがあなたを遣わすしるしである」(同3・12)、また「あなたたちの先祖の神、アブラハムの神、イサクの神、ヤコブの神である主がわたしをあなたたちのもとに遣わされた」(同3・15)とモーセはイスラエルの民に言うように命じられている。つまりヤハウェという神はその民イスラエルと共にあるものとして自己を証言する。それゆえ神は絶えずその民と共にいて一緒に歩み、民を導く。これこそ「神が共にいる」という「インマヌエル」の思想であって、民は族長たちが行なったように何時いかなるときにも神を呼び求めることができる。

4　ヨブの異象と神の言葉

旧約聖書のヨブ記のはじめには天上における神の会議が開かれ、サタンも招かれて同席し、神との会話が次のように物語られる。


主はサタンに言われた。「お前はどこから来た。」

「地上を巡回しておりました。ほうぼうを歩きまわっていました」とサタンは答えた。

主はサタンに言われた。「お前はわたしの僕ヨブに気づいたか。地上に彼ほどの者はいまい。無垢な正しい人で、神を畏れ、悪を避けて生きている。」

サタンは答えた。「ヨブが、利益もないのに神を敬うでしょうか。あなたは彼とその一族、全財産を守っておられるではありませんか。……」。


これはその会話の一部である。神がヨブを守っているから神を敬っている、とサタンは言う。

神を敬うのは利益のゆえだというのである。ここではサタンは諸国を遍歴して諸事情を神に報告する天使の一員であったが、義人ヨブを試みる者として神に認められる。「ヨブが、利益もないのに神を敬うでしょうか」というサタンのこの問いは、バビロンによって滅ぼされた捕囚の民が置かれた状況を反映しており、こんな不幸のさ中に神を信じる根拠がどこにあろうかと当時一般に感じられていた。

そこでヨブは激しい過酷な試練を許可した神と論戦し、自分を弁護する仲保者を求めるようになる。サタンは人間を責め、人間に対決し害を及ぼす存在であっても、まだ神から全面的には分離していない。サタンはいまなお天の会議の一員であって、「神」の同意と意志なしには何事もできない。したがってサタンは神から独立した悪の原理ではない。彼は「主」の忠誠な僕であるヨブに対して悪を加えるよう「主」を説得しなくてはならない。「神」はそれに不承不承に同意し、留保条件をつけるばかりか、後ではヨブを誘惑したことでサタンを責める。こうしてサタンは「神」の影、暗い面、「神」が嫌々ながらも行使せざるをえない破壊的な力である。サタンは「神」の破壊力の象徴もしくは化身となった。

通常は「サタン」(Satanas)と呼ばれる「悪魔」(Diabolos)は神の意見に反抗して誹謗したり、訴えたりする存在である。バビロン捕囚以前では、ヤハウェは天と地にあるすべてのものを、良いものも悪いものも造った、とみなされた。そこには悪魔は存在しなかった。しかし捕囚期の後になると第二イザヤのように「(わたしは)光を造り、闇を創造し、平和をもたらし、災いを創造する者」(イザヤ45・7)と言われるようになった。したがって悪魔の観念は神に「闇」として内蔵されていたものから次第に発展していったといえよう。それがどのような歴史的な経過のなかでの発達してきたのであろうか。

だが正しい神が造った善なる世界にどうして邪悪が満ちているのか。アダムの楽園物語で人が罪に陥ったのは、不従順という意志の悪によるが、そのような堕落した意志だけでは不十分であると思われた。そこには神に反逆する悪の大きな力があったに違いなかった。そこで蛇の姿をしてアダムを罪に誘惑する悪しき力が考えられた。その際、次のようなことが起こったと考えられる。「ヤーウェから悪意を抱く破壊的な面が差しひかれて、別の霊的能力者である悪魔に付加された。実をいえば神性に、エジプトやカナンの〈神〉に起こったと同じような二分化が起こったのである。唯一神がふたつの部分に分れ、〈神〉の善の面である一方は〈主〉になり、もう一方の悪の面が悪魔になった(3)」。

創世記には、ノアの洪水以前に悪が世にはびこったことを述べた際、人類の歴史のはじめに「神の子ら(ベネハエロヒム)は、人の娘たちが美しいのを見て、おのおの選んだ者を妻にした」

（創世記6・2）とあって、そこで生まれた子供は「ネフィリム」と呼ばれた「巨人の種族」であった。詩編82・1には神の会議の記事があって、そこではネフィリムに対する裁きが行われ、彼らは死すべき者となったと語られる。この記述はウラノスから直接生まれた天上的エロースが徳に向かうのに反し、ゼウスがディオーネーと関係して生まれた世俗的エロースが肉体に向かうというギリシアの愛の神話を背景にして語られているように思われる。

ところでサタンの試練を受けると一般にはだれも神を信じなくなる。だがヨブは一般人の見解に逆らって、理性的には不可解な隠れたる神を告白するように導かれる。それゆえ、この物語の核心は「主を畏れ敬うこと、それが知恵」（ヨブ28・28）という告白にあり、「主は与え、主は奪う。主の御名はほめたたえられよ」（同1・21）という賛美によって最初から宣告されている。「問題になっていることは、神の前ではヨブが無条件に隷属的であるということである。——ヨブは自分自身の信仰を信じるのか。それとも実際の神を信じるのか。——神は人間の行く途に垣根をめぐらした。ヨブから最後の支えをうばいとり、そういう形で神を経験させることになるがゆえに、神の裁きは神の恩恵なのである」(4)。したがってこの物語は信仰の基礎を道徳に置くのではなく、まさに逆に道徳の基礎を絶対者の裁きを信じる信仰に置こうとする。神の前では人間の最良の意志ですら疑わしくなり、誠実な知ですら、その無知が暴露されてしまう。ヨブは試みる者であるサタンによってこのような境地に招かれたのである。
この神は暴風を伴ってヨブとその友人に襲いかかった。そしてこの神は暴風の唯中でヨブに語りかけるような神であった。これを証言するのがテマン人エリファズであって、彼は次のように言う。

夜の幻が人を惑わし
深い眠りが人を包むころ
恐れとおののきが臨み
わたしの骨はことごとく震えた。
風が顔をかすめてゆき
身の毛がよだった。
何ものか、立ち止まったが
その姿を見分けることはできなかった。
ただ、目の前にひとつの形があり
沈黙があり、声が聞こえた。（同4・13―16）

物語の終わりのところでも、「主は嵐の中からヨブに答えて仰せになった」（同38・1、40・6）と言われる。そこに神は自らヨブに呼びかけ、宇宙の神秘を見せて独自な神義論を提示する。たとえば「ヨブ記」38章は、友人たちの理性的な神義論とは全く別種の立論から成り立っている。それは神義論の放棄や不可能性を伝えているのではなく、逆に全く異質な確固たる神義論である。これによってヨブ自身も自分の非を認めて、心底から悔い改めるに至った。そこには霊的な深い満足が訪れたので、もはや物語の終末（42章）の原状回復は全く無用となった。

5　聖書の異象と「聖性」の意味

旧約聖書の人間観は人間が神に対向する存在であるとみなし、「神の像」に向けて創られていると説く。だからアダムが神の戒めに背き「神の顔を避け」楽園の木の下に身を隠したときにも、神は「どこにいるのか」と呼びかけている（創世記3・8―9）。預言者イザヤは「恐れるな、わたしはあなたを贖う。あなたはわたしのもの。わたしはあなたの名を呼ぶ」（イザヤ43・1）と語る。この神の言葉の威力は「岩を打ち砕く」（エレミヤ23・29）と比喩的に述べられるが、預言者エリヤは神の声を「静かにささやく声」として捉えている。それは聖体顕現として重要な記録である。

見よ、そのとき主が通り過ぎて行かれた。主の御前には非常に激しい風が起こり、山を裂き、岩を砕いた。しかし、風の中に主はおられなかった。風の後に地震が起こった。しかし、地震の中にも主はおられなかった。地震の後に火が起こった。しかし、火の中にも主はおられなかった。火の後に、静かにささやく声が聞こえた。（列王記上19・11―12）

神の声を聞くことによって人は回心と新生とを体験する。たとえばアウグスティヌスの『告白録』には、この体験が如実に描きだされている。「主よ、ご覧のとおり、わたしの心の耳はあなたの御前にある。その耳を開いて、『わたしはおまえの救いである』とわたしの魂に語ってください。わたしはこの御声を追いかけ、あなたを捉える」[5]。このように神の言葉を聞いた人は悔い改めて、神性を体験し、聖化される。それはどのように実現するのか。神の子のことを聞いてその交わりに参加し、神との関係に入っていく人は、人格の感化を受けて変貌していくことが起こる。実際、ヨハネが言うように、「いまだかつて神を見た者はいません。わたしたちが互いに愛し合うならば、神はわたしたちの内にとどまってくださり、神の愛がわたしたちの内で全うされているのです」（Iヨハネ4・12）。

神の聖性に与る人は神の人格的な感化を受けて聖化していく。この聖化の過程を神化ということもできる。東方教会ではアタナシオス（Athanasius, c. 298-373）、ニュッサのグレゴリウス（Gregory of Nyssa, c. 335 – c. 395）が「神が人となったのは、人が神となるためである」と語って以来、神化の思想が説かれて来た。この「神化」はどうしても実体的に考えられてしまうので、これまで論じてきたように「聖化」として把握する方が無難であると思われる。

では「聖性」は一般にはいかなる意味をもっているのであろうか。「聖」の概念は一般的には「神聖なもの」という倫理学的に最高の価値であって、カントは「神聖」という観念の下で「完全に善い」という道徳法則に服している意志を考えた。しかし「聖」は宗教社会学者デュルケム（Émile Durkheim, 1858 - 1917）が説いているように、元来は宗教的起源をもつ語であり、原始社会のタブー（禁忌）の中に起源をもっている。つまり平均的なものから分離していて精神的・身体的に隔離されている「触れてはならないもの」が聖なるものである。したがって「聖」は倫理的なもの一般にかかわらないで、むしろ非合理的なものと深く関連している。[6] それは先にオットーが説いたような「戦慄すべき秘義と魅するもの」という対立する二つの要素から成立する。彼はこのような神にまつわる性質を「ヌミノーゼ」（ヌーメン的なもの）として把握し、それがわたしたちに対して何よりも「不気味なもの」として現われ、恐怖と戦慄とを引き起こし、宗教的畏怖の対象となっていることから、それを「戦慄すべき神秘」と規定した。その上でこの神性のデモーニシュな側面に対し、人間を不思議な力で引き寄せ、魅惑し、それとの交わりや一体化を希求させる「魅する神秘」を対置させたのである。

神との関係を含めて総じて人格関係にはマルティン・ブーバー（Martin Buber, 1878 - 1965）が力説したように、「原離隔と関係」という二重構造が認められる。それは根源的な距離間の上に立った関係の確立を意味する。こうして人間の聖性は神との関係の内に確立されると言えよう。

注

（1）実際、神は対象として捉えるならば、人間の感覚には現われず、「無」として否定的にしか語られない。確かに「神は存在的には無である」にしても、人間が感覚的な存在を超えた超越的・無制約的・永遠的・絶対的な実在を何らかの形で感得しているならば、感覚を超えた超越的な実在を「存在的」（ontisch）に把握できなくとも、「存在論的」（ontologisch）には理解することが可能ではなかろうか。「存在論的」というのは「存在」に意識が関わる仕方を学問的に反省することを意味している。それを最初試みたのはシュライアマハーであり、彼は永遠者を「絶対的依存の感情」において捉えようとした（Schleiermacher, Der christliche Glaube, Bd. I, S. 23. 参照）

（2）ブーバー『予言者の信仰』（上）高橋虔訳、「著作集」白水社、55頁。

（3）ラッセル『悪魔』185―186頁。したがってヘブライ人は一神論にとどまりながら、同時に無意識に二元論へ向っていった。ヤーウェは全能であり、全面的に善であって、悪はその本性と無縁である。だが悪は存在する。この悪の存在を説明しようとすれは、どうしても二元論へ向かわざるをえなかった。

（4）ワインシュトック『ヒューマニズムの悲劇』樫山・小西訳、創文社、445頁。

（5）アウグスティヌス『告白録』I・5・5。

（6）カント『実践理性批判』と『宗教論』参照。デュルケーム『宗教生活の原初形態』参照。

［談話室］「わたしはありてあるものである」の解釈

オランダのルター学者であるオーバーマン（Heiko Augustinus Oberman, 1930–2001）は神の名称「わたしはありてあるものである」について誤った解釈が生まれてきた根拠をヨーロッパ思想史の大家らしく次のように論じる。

トマスでは哲学が神学に対して侍女の役割を負わされていたが、ルターでは哲学に対する神学の関係を再定義する運動が起こった。ノミナリズムの教育を受けた彼はこのことをトマス的な演繹《えんえき》法を捨て、事実認識から結論に導く帰納法を採用することによって行った。

オーバーマンはまずトマスの致命的な欠陥を突く。トマスはギリシア語もヘブライ語も知らないで、誤解を招くヴルガタを頼りにして出エジプト記3・14を「わたしはあるという者である」（ego sum, qui sum）と読んだ。ここから存在の哲学を開始したところにトマスの欠陥がある。ルターは彼の訳になる聖書で「神はモーセに言った。わたしはなるであろうものになるであろう」と訳し、そこに意図された約束を守る契約の神を捉えた。トマスにとって神は最高存在であって、この箇所が神の存在を証明する「五つの論拠」の聖書的根拠となっていた。ここから天と教会と被造物の間に聖なる階層の秩序が設定され、現世の文化は存在の構造の一部分であって、被造物と創造者の間には「存在の類比」というパイプが存在すると説かれた。こういった存在の哲学はアンセルムスを経てアウグスティヌスにまで遡ることができるが、すでに聖フランチェスコの「主なる神」という思想の中に被造物が人格的に神と関わっている視点が見いだされる。ここにはこの人格的な神が世界に働きかけ、歴史の主となるというパラダイム〔ある時代のものの見方・考え方を支配する認識の枠組み。〕の転換がもう起こっていた。それがボナヴェントゥラ (Bonaventura, 1221? - 1274) を経てスコトゥス (Johannes Duns Scotus, 1266 - 1308) とオッカム (William of Ockham, 1285 - 1347) による「新しい方法」の樹立に至る方向を採った。

　この存在の神から人格の神へのパラダイムの転換は、社会を根本的に再び秩序づけることを促した。こうして聖職位階制が崩壊し、国家と教会の関係のような社会的関係が根本的に改められた。またこの転換なしにはルターの「神の義」の発見と言われる宗教改革的な認識の突破は考えられない。そこには歴史の中で活動する人格としての神の発見、契約の神、義認の約束が立てられ、ルターの発見と転換につながった。

7　聖書における霊性の物語的表出

一般の人の目には隠された人間の特質は、個々人がそれぞれ生きた人生に関する物語の中に表明されている。こういう人生の物語には概念では表明できない体験が含まれており、それは自伝や物語によって表出される。というのは物語には特有な表出作用が見いだされるから。したがって解釈学の哲学者リクール（Paul Ricoeur, 1913~2005）は「物語的自己同一性」という概念によって人間にとって意味ある時間と通常の時間とが物語によって統合されて形象化されうると主張した。

1　人生物語の意義

リクールによると人生物語とは物語の筋にほかならず、筋とは出来事の組立てなのであって、筋による構想されたものが物語の論理を構成し、これによって人間の行為が説明され、理解されるようになる。これが「物語的理解」である。したがって人間とは何かという問いは人生物語によって答えられる。というのも人生を一つの物語として語ることによって、そこにいつも変わらないで表現されている「自己同一性」(identité) が獲得されるからである。ある人物の「誕生から死まで伸びている生涯にわたってずっと同一人物であるとみなすのを正当化するものは」物語でしかあり得ない。実際、「物語は行為のだれを語る。〈だれ〉の自己同一性はそれゆえ、それ自体物語的自己同一性にほかならない」[1]。ここに誕生から死に至る全生涯を通して自分が同一人物であることが証しされる。その際、この「誰」の首尾一貫した同一性こそ自己同一性であって、そこに自己を一つの物語として語る「物語的自己同一性」が認められる。

この物語の第一の形態は読み手と書き手が同一である「自伝」である。第二の形態はある共同体の歩みを物語った「歴史」である。だが、歴史における自己同一性は時間過程で変質することがあるので、各人の主体の特質を汲み尽くすことはできない。各人の主体の特質が真の自己性を得るためには、倫理的責任をとる決意が必要とされる。「各人に、わたしはここに立つ、と言わせる決意」つまりルターのヴォルムス国会における決意が不可欠となる。[2]

2　物語の時間経過の意味

物語には時間的な経過が重要な契機になって展開する。そこでアウグスティヌスが捉えた時間の三つの特質をここで想起したい。彼は時間を記憶・直覚・期待という心の三つの作用から解明したことはよく知られているが、もう少し探求してみると、そこには時間意識に三つの特性が見いだされる。それは「分散する時間」・「集中する時間」・「伸張する時間」という特性である。

(1)「分散する時間」(distentio)

この時間はアウグスティヌスの思想にしたがって解釈すると、「分散的に拡がる時間」を意味する。時間とは彼にとって「心の拡がり」(distentio animi)にほかならない(告白録11・26・33)。このように形体の運動は時間によって測られ、時間は心の拡がりの情態とされる。「時間を測るとき、わたしは心の情態そのものを測るのである」(同27・36)。だが形体の運動を測る時間の広がりは期待と記憶とに分散するため、この時間性格は「分散的に拡がる時間」である。

(2)「集中する時間」(intentio)

それでは現在の直覚（contuitus）という働きは形体の運動を測るとき、いかなる作用をなすのであろうか。この直覚の作用を明らかにすると時間の第二の性格をなす集中作用（intentio）の意義が判明する。直覚が形体の運動を測る場合、「注意作用」で言いかえられる。それは時間意識において現在時の志向を集中することを言う。先に distentio が分散的であって、これによって時間は意識の中で期待から記憶へと移行しながら過ぎ去ったのに、この intentio としての時間は現在の知覚であるから持続する（同28・37）。それは経過する時間の直中にあって意識を集中する注意作用や志向作用として時間の消滅に耐えて存続する。時間は意識の分散によって消滅するが、その集中志向において持続する。それは時間のうちにあって時間を超え、超時間的意味の次元で時間を把握することを可能にする。この可能性を実現に導くのは次の特性である。

（3）「伸張する時間」（extentio）

これは自己を超越して脱自《だつじ》的に伸張する時間を意味する。先の分散的な時間は詩歌の一節を朗読する限られた時間なら測ることができるが、人間の一生とか、これさえその一部にすぎない人類の世全体とかを測り知ることはできないし、その全過程を一気に、すなわち一瞬のうちに捉えることはできない（同31・40）。ましてや人間と懸け離れている神は把握できない。このような反省を通して解釈された人間の状況は「悲惨・労苦・呻吟」であり、人間の本来のあり方から転落している状態である（同31・41）。しかし「このような生命にまさる神の慈悲」が神と人との仲保者により「わたしをとらえた」ことによって永遠への帰還の道が開かれた（同29・39）。この神の招きに対し「分散的にではなく、脱自的に（extentio）わたしは追究する」ことによって伸張する時間の脱自的性格が示される[3]。

この第三の「伸張する時間」には心が現在の状況から永遠を求めて探求する姿勢が含まれている。このような超越作用こそ霊性としての心の特質を形成する。ここから人生物語として各人に固有な生き方が霊性によって表明されており、その中でわたしたちは生活の深みに存在する自己の姿を把握することができる。この各人の最深の自己は、「魂」とか「霊」もしくは「霊性」（＝霊の作用）と呼ばれている。もちろん各人の置かれた文化的状況によっては霊性の発現はかなりの相違があろう。たとえばギリシア文化とヘブライ文化では人間の理解も世界の理解も相違しているし、仏教とキリスト教では全く異質な霊性理解を生み出してきた。しかし霊性の機能面に限定して考察すれば、対立する霊性の相違の中にあっても共通する要素を指摘することができる。

わたしたちの時間意識には過去と未来に分散するだけではなく、その集中する作用によって自己の現状を捉え、さらにそれを克服する作用によって人生物語を形成する力、つまり霊性が見いだされる。ところが一般的に言ってこの霊とか霊性とかはあまり明瞭に表出されていない。それゆえこれまで人々は一般にこの概念は注目してこなかった。

3 放蕩息子の物語

たとえば聖書が語る有名な「放蕩息子」の物語でも霊や霊性は暗示的にしか述べられていない。ルカ福音書の「放蕩息子の物語」でも放蕩三昧に耽って食べ物がなくなったとき、放蕩息子は次のように言ったと言われる。

そこで、彼は我に返って言った。「父のところでは、あんなに大勢の雇い人に、有り余るほどパンがあるのに、わたしはここで飢え死にしそうだ。ここをたち、父のところに行って言おう。『お父さん、わたしは天に対しても、またお父さんに対しても罪を犯しました』と」。（ルカ15・17―18）

ここでは「我」に返って罪の告白がなされている。この「我」は「自分自身」の意味である。

だがこの「我」や「自分自身」について何も語られていないので、わたしたちは自分の経験に基づいてこれを解釈せざるをえない。そこで、わたしたちはこの「我」は「内心」であると考える。この破産した者の内心は失敗や裏切りによって恥や後悔の念に満たされている。それなのに食べるものがなくなって初めて自分の失敗に気づくなんて、幼稚すぎるのではなかろうか。この青年の内心は精神的に見ると人間的に成熟していないように思われる。しかし、その内心の奥には何かが働いており、これまでの行動を罪として捉えているのではなかろうか。それは良心と同じ作用をしているが、心の最内奥にある良心は聖書では「霊」と呼ばれており、その作用は「霊性」と呼ばれているのではなかろうか。

4　サマリアの女の物語

この物語では霊と真理による礼拝が物語の内容として展開する。ヨハネ福音書4章24節には「礼拝する者は、霊と真理をもって礼拝しなければならない」と語られる。とくにヨハネが説く「霊と真理」との関係について考えてみたい。

（1）イエスとサマリアの女との対話物語

聖書にはイエスが人々と対話している物語が数多く収録されている。ヨハネ福音書第4章1―26節に記されている「イエスとサマリアの女」との間に交わされた対話もその代表的な物語である。それはサマリアを通過してイエスが郷里のガリラヤへと旅をしたとき、シカルという村の近くにあった歴史上有名な「ヤコブの井戸」で彼が休息されたときの物語である。サマリアとユダヤとは当時政治的に対立していた。預言者の時代には国家が北イスラエル王国と南ユダ王国に分裂していたが、捕囚期以後国家がそれぞれ滅亡した後でもサマリアとユダヤに分かれたまま依然として厳しい対立状態にあった。とりわけサマリア人は紀元前七二二年に滅亡した北イスラエル王国残留の民とアッシリアからの入植者との混住の結果できた、半異教的な混血民族であって、宗教混淆をきたしていた（王下17・24―41）。

シカルという町は聖書地図にあるようにエルサレムとナザレの中間地点であって、南にはゲリジム山がそびえていた。この町から一・五キロも離れたところに歴史的に有名なヤコブの井戸があった。そこに一人のサマリアの女が人目を避けるようにひっそりとやって来た。弟子たちが食糧の調達に出かけたあとに、井戸端に座したイエスは渇きを覚えたので、水瓶を携えてきた女に当時のしきたりに逆らって「水を飲ませてください」と言って語りかけた。この対話は身体の渇きを癒す井戸の中を「流れる水」からはじまり、人々を生かす「活ける水」を経て「永遠の命に至る水」へ飛躍的に進展する。実際、ヤコブの井戸の水はしばらく渇きをいやすに過ぎないが、啓示者が施す水は、どの人の中でも一つの泉となって、もはや渇きを覚えさせない。それは「命を与えるのは〝霊〟である。肉は何の役にも立たない」（ヨハネ6・63）とあるような「人を生かす霊」、つまり「霊水」である。この泉からは活ける霊水が湧き出て来て、そこに神の救いと永遠の命が「人を生かす真理」として啓示される。それでも女はどうしてもこれを理解することができない。「生きた水」とは何か不思議なものであるとぼんやり感じているに過ぎない。それがあればもう水汲みという女の労働から解放される、奇跡の水ぐらいに考える。彼女にとって奇跡とは日常生活を楽にしてくれる御利益をもたらすものに過ぎない。

ところでこのサマリア人の女は、町にも泉があるのに、町から遠く離れた、しかも「井戸の水は深い」（11節）とあるように、汲み出すことが困難であった井戸になぜ現れたのか。彼女は実は不品行のゆえに評判のよくない女であった。それでもイエスがこの女に水を請うたことを見ると、彼が伝統的な儀式や風俗によって定められた社会的な民族共同体から全く自由になっているばかりか、評判のよくない女をも人間として扱ったがゆえに、彼女は二重の意味で驚嘆してしまった。

ところがこれまでに述べた聖書の箇所から対話は急展開を起こし、「行ってあなたの夫を連れてきなさい」とイエスは女に命じている。これによって女の夫との関係という「人と人」との親密な間柄から「神と人」との真実な関係に発展し、「真理と霊による礼拝」にまで至って、ユダヤ対サマリアといった政治的な対決とは全く異質な「神と人」との霊的な交わりの共同体にまで話しが進展していく。

(2) イエスに伴われる「真理の光」と「真理」の意味

そういう意図もあってイエスは話題を一転させ、彼女が心中深くいだく闇のように暗い生活の部分に光の照明を与える。ここには一見すると筋が通っていない対話のように思われるが、「夫」への飛躍は彼女に新しい自己理解を拓くきっかけとなった。というのはイエスは真剣ではあっても何かしら悩みを懐いた女性の中に何らかの問題を直観的に感じとり、唐突にも「夫を連れてきなさい」と問いかけた。この直観は対話の直中で閃いたものに他ならない。突発的な飛躍と劇的な展開こそ対話的語りに付き物の特質である。この命令とともに女はその過去の暗い部分を指摘される。つまり彼女が五人の夫を以前もっていたが、今のは非合法な夫婦関係にあることを言い当てられたがために、イエスを先見者(予言者)として認識する。そこで彼女は先見者ならば神を礼拝する場所がゲリジム山の神殿か、それともエルサレムの神殿かという、当時の宗教上の大問題を持ち出す。これに対しイエスは礼拝すべき場所は地理に特定される山でも町でもなくて、「心の内なる霊の深み」において真理を求めて礼拝すべきことを告げる。だからこう言われる。

「まことの礼拝をする者たちが、霊と真理をもって父を礼拝する時が来る。今がその時である」(23節)。

心の深みとしての霊は、ゲリジム山とかエルサレムのシオンの丘とかという特定の場所に限定された祭儀的礼拝を完全に超越している。預言者たちが「お前たちのささげる多くのいけにえが、わたしにとって何になろうか、と主は言われる」(イザヤ1・11)、また「主の日は闇であって、光ではない。暗闇であって、輝きではない」(アモス5・20)というような内的・神秘的な礼拝ではなくて、現在イエスの来臨とともにすでに到来している霊と真理による終末論的な礼拝である。これによってすべての祭儀が廃棄されている。このような祭儀は霊と真理とによる礼拝に対して皮相的で不真実のものだからである。

ヨハネはイエスを神の真理の体現者とみなし、イエスに「わたしは真理である」(14・6)と語らせている。したがって「真理」といっても客観的で科学的、歴史的、哲学的な真理ではなく、イエスと対話する者に自己認識を呼び起こすような真理である。

真理の体現者であるイエスの前に立つとき、わたしたちは真理の光の照明を受けて自分が気づいていない隠された暗闇の部分が照らしだされる。この「真理」という言葉はギリシア語ではアレテイア（覆いを取り除く）として「真なる姿」「ありのままの姿」「非隠蔽性」を意味する。それゆえ神の子イエスの前に対話的に係わるときにはこの真理の光を受けて「赤裸々な自己」の認識と告白が必然的に起こってくる。サマリアの女の物語はこの点を明らかに教えている。

(3) 霊と真理による礼拝とは何か

さらにイエスは正しい神の礼拝の仕方を教える。彼は言う、「神は霊である。だから、神を礼拝する者は、霊と真理をもって礼拝しなければならない」(24節)と。その意味は、神は霊であるがゆえに、人は霊において礼拝すべきであるということである。このことは比較的理解しやすい。なぜなら理解は共通な土台から起こってくるからである。それゆえパウロも言う、「人の内にある霊以外に、いったいだれが、人のことを知るでしょうか」(Ⅰコリント2・11)と。それはギリシアの格言にもあるように「等しいもの同士は理解されうる」からである。これに対し神と人との場合にはどうであろうか。神の霊と相違して人間の霊は、ほとんどの場合、偽り・虚栄・貪欲・物欲・情欲・支配欲・金銭欲といったいわば七つの悪鬼（魑魅魍魎《ちみもうりょう》）によって支配され、醜くも汚染されている。その様は七つの悪霊に悩まされたマグダラのマリア（ルカ8・2）や悪霊に取り憑かれ墓場を住処《すみか》にしていた男（マタイ8・28）と同じである。神と人の場合には霊である点は同じでも、その内容は質的に相違する。それゆえ人間の霊の現状に示される悪しき霊の支配や汚染は神の霊によって駆逐されなければならない。そのためには何よりもこの暗黒を照らす自己認識が不可欠である。わたしたちはこのような自己認識によって神に対して徹底的に謙虚とならねばならない。

ところで「霊」（ルーアッハ）というのは聖書に特有な言葉である。旧約聖書はその冒頭から「神の霊」について語り、神が人間に命の息を吹き込み、霊として創造したと語っている（創世記1・1、2・7、イザヤ42・5 神は天を創造して、これを広げ、地とそこに生ずるものを繰り広げ、その上に住む人々に息を与え、そこを歩く者に霊を与えられる。）。人間は神のように霊そのものではないが、神から来る霊は人間を生かす力として作用することができる。新約聖書における「霊」（プネウマ）はルーアッハをギリシア語に訳したとき用いられた言葉である。それは新約聖書では人間を表し、霊や単に人間を意味する。しかし「霊」という言葉は神の霊を言い表すや直ちに全く別の意味をもってくる。つまり「霊」は「肉」と対立する概念となる。この霊は神の活動と力なのであって、その作用は人間に及んでいる。新約聖書ではプネウマは379回用いられているが、風や息という自然学的意味はわずかに3回に過ぎず、人間の霊の場合は47回、悪霊38回、死人や天使の霊9回であって、神の霊が言われているのは278回と圧倒的に多い（『ギリシア語新約聖書釈義事典』教文館、第3巻150頁）。

ではヨハネは「霊」をどのように理解しているのか。ヨハネにとって「神は光であり、神には闇が全くない」（Iヨハ1・5）。だが「神は愛である」（同4・8）がゆえに、「神は霊である」とは、神は人間に霊を授け、人間を新たに生まれ変わらせることによって、人間に不思議な業をなしたもう、ということである。だから神を「礼拝しなければならない」といわれる。だが、ヨハネが言うように、もし礼拝が「霊と真理とにおいて」なされなければならないのは、どういう意味であろうか。

このように「霊」が「真理」と一緒に用いられているのは人間の霊が真理の照明によって正しい自己認識に達し、謙虚になって霊の新生を求めるためである。それゆえ聖書は「打ち砕かれた霊」を恩恵を受ける不可欠の前提とみなし、次のように語る。

「わたしは、高く、聖なる所に住み、打ち砕かれて、へりくだる霊の人と共にあり、へりくだる霊の人に命を得させ、打ち砕かれた心の人に命を得させる。」（イザヤ書57・15）

「しかし、神の求めるいけにえは打ち砕かれた霊。打ち砕かれ悔いる心を。神よ、あなたは侮られません。」（詩編51・19）

「わたしの魂は主をあがめ、わたしの霊は救い主である神を喜びたたえます。身分の低い、この主のはしためにも、目を留めてくださったからです。」（ルカ1・46―48）

このように神の顧みはへりくだった霊に立ち向かっている。というのはヨハネによると神から派遣される「真理の霊」が救い主なるイエスを知るように導き、人間を破滅の深淵から救い出すからである。ヨハネは言う「真理の霊が来ると、あなたがたを導いて真理をことごとく悟らせる」（同16・13）と。

したがって聖書によると霊は人に授けられた力であって、人を生かすのであるが、そのさい神の霊は真理をもって人間を照明し、正しい自己認識に導くと同時に偽りの祭儀・虚偽の宗教・神に敵対する諸々の霊力から人間を解放する。というのは生身の人間は自分を超えた諸々の霊力の餌食になっている場合が多いからである。こうして、すべてこの世の内なる、にせ物の、したがって不法の祭儀は神の子の派遣によって一挙に打ち破られたのである。

5　罪ある女の物語（ルカ7・36―50）

イエスと出会った人びとのなかで「徴税人や罪人」と呼ばれていた人たちと律法学者やファリサイ派の人とが聖書においてしばしば対比して語られる。イエスの面前で両者がたまたま鉢合わせになったことが多かったようである。ルカ福音書の第7章の「罪の女」といわれた女性とファリサイ派の人シモンとの対比もこの一例であって、ここに二人の人間のイエスに対する態度から、罪の赦しと愛の奉仕との関連が明らかにされる。この女性は「大いなる愛」に生き、シモンは「小さな愛」しか実践していない。このことがイエスによって対比的に語り示されている。

「罪の女」の物語はルカ福音書の特殊資料である。それは「悔い改め」と「罪の赦し」さらに「愛」を主題にしたものが多く、この物語もこの主題にそっている。罪を自覚している人は神の恩恵を受けるが、律法による自己の義にたのむ者は、恩恵に来ることはない。第7章31節以下のイエスの時代批判にこの点は明らかである。「徴税人、罪人の仲間」であると彼は人々に非難される。このことは罪を知る者にして初めてイエスと邂逅《かいこう》し、その交わりのなかで神の恩恵を見いだしうることを示している。ルカはこの「罪の女」の物語のなかにこの点を比類なく美しく描き出す。

イエスはファリサイ派の人シモンに食事に招かれた。彼はわけ隔てなく、すべての人との交わりに生きたもうた。ファリサイ派の人や律法学者をすべてきらわれたのではない。ファリサイ派の人もイエスに「先生」（ラビ）と呼びかけているし、そもそも食事に招くこと自体が、イエスに対する好意をあらわしている。だが、この饗宴の席にも「取税人」や「罪人」といってきらわれていた人びとが押しかけてきて、両者を対比して語るようにされたことが多かったし、ときにファリサイ主義的律法の義と正面衝突し、それとの対決へと導かれもした。

「罪の女」といわれていた女性の名前も出生も不明である。彼女はイエスの背後からそおっと入ってきて、イエスの足許にひれ伏して、涙でその足を洗い、香油を塗った。イエスの頭でなくて足に香油を塗ったことは彼女の限りなくへりくだった低姿勢をあらわしているといえよう。イエスは女のするがままにさせておいた。ファリサイ派の人はイエスがこの女について洞察できない点をいぶかり、こんなことでは預言者としての資質にも欠けるところがありはしないかと疑いをもった。

イエスはこの疑いを直ちに察知し、金貸しが二人の債務者をゆるした話をもち出して、疑っている人に反問した。ここにイエスがファリサイ派の人の面子を直接傷つけるような批判をさけている配慮がうかがわれる。金貸しと債務者の話のなかには負債をゆるしてもらった金額の多寡《たか》が、恩を受けた人に対するすまない気持ちと愛の返礼との多寡に比例することが述べられ、これを通してイエスはファリサイ派の人とその友だちに悔い改めを呼びかけている。イエスは大きい金額の負債者を小さい金額の負債者の隣りに立て、罪人と対比させ、彼らのファリサイ的な義の限界を示している。自分の力で神の前に立ち、善いわざに励んでいる人も、たしかに神を愛しているにはちがいないが、自力によって神に至りうると信ずる者には愛と喜びは小さいといわねばならない。二人の負債者の対比はそのままで「罪の女」とファリサイ派の人シモンとの対比になっている。

だからイエスのシモンへの語りかけの言葉は悔い改めを迫る言葉である。この叙述の形式は預言者ナタンがダビデ王を非難する語り方と同じである。イエスは彼女に向かって「汝の多くの罪は赦されたり。汝の愛すること大《おお》いなればなり」と語っていない。イエスはシモンに向かって彼女について語っているのである。それは、この愛の大いなることの源泉が彼女の受けた罪の赦しの大いなることにある点を明らかにする。彼女は愛のわざによって罪がゆるされるという律法主義はここにかえって批判されている。「いま多くわたしを愛したのがその証拠である」（塚本訳）と言われる。イエスはこの物語の前で、「知恵の正しさは、それに従うすべての人によって証明される」（7・35）という。すなわち「大いなる愛」という実は「大いなる赦し」が結実させたものであって、善い樹となった者は善い実を結ぶのである。存在に行為が由来するのであって、その逆ではない。イエスの信仰義認とファリサイ派の行為義認とは、正反対の立場である。それゆえイエスは続けてこの点をいっそうはっきりさせ、次のように宣言する。「あなたの罪は赦《ゆる》された」と。彼は彼女に向かってこのように語り、彼女は彼の言葉を信じて義とされるのである。パウロからルターに続く信仰義認の教えがここに初めて語られる。したがって信仰による救いの主張がこの物語を締め括って、「あなたの信仰があなたを救った。安心して行きなさい」と言われる。イエスに対する信頼によって罪の赦しは宣言される。

「罪の女」はイエスを愛すること大いなるものであった。なぜ、そのように言えるのであろうか。罪人は光から、神から逃亡して、闇のなかにうずくまり、光に来ようとしない。光との邂逅を彼は避ける。ヨハネ福音書は「悪を行う者は皆、光を憎み、その行いが明るみに出されるのを恐れて、光の方に来ないからである」（ヨハネ3・20）と言う。罪を犯す者は罪の継続のなかに立ち続け、自己弁護と遁辞《とんじ》によって、罪のなかにとどまり、自己をいたわることによって光にこようとはしない。罪人はイエスとの邂逅をさける。ただ「自分の命を愛する者は、それを失うが、この世で自分の命を憎む人は、それを保って永遠の命に至る」（同12・25）とあるように、自己をいたわるのではなく憎むことだけが、永遠の生命なるイエスのもとにわたしたちを走らせる。この「罪の女」には、いかなる弁解もいたわりも、否、告白の言葉すらない。言葉でいったい何が言い表わせるのだろうか。語れば弁解になる。それゆえに沈黙し、自己を憎み、否定してこそ、彼女は光へと近づいてゆく。実に彼女の全身がいまや罪の告白そのものとなっている。

彼女はイエスの背後から近づいて行って、その足許にひれ伏している。ただ救い主のもとに跪《ひざまず》くこと、文字通りまったく何事もなすことができないで、イエスに信頼し、身を投げかけ、イエスからすべてを期待すること、これほどにイエスを深くかつ多く愛することがありうるであろうか。何事かをなしうると人が思うあいだは、人は他者を愛することもあるいはできるであろう。しかしキルケゴール（Søren Aabye Kierkegaard, 1813~1855）が言うように、それでは愛することが大きいとはいえない。彼女は自分が人びとに「罪の女」であると呼ばれていることを知っている。また彼女は周囲の人たちのさげすみの険しい目と自己の羞恥心のやるせない想いをすべて忘却して、泣きながらイエスの足許に座《すわ》っている。自分のことをあれこれと考えなければならない瞬間に、自己を忘れて、イエスのみに目を向ける彼女は、その信頼の大いなるだけ愛も多大である。マルタの妹のマリアもイエスの接待を忘れて、その御許に座した。彼女もその忘却のゆえに、イエスとその御言葉に対する全面的信仰のゆえに、大いなる愛の持ち主であった。

だが、ここに登場している罪の女はマリアにも優っており、同時にマルタでもあった。彼女は自分の所有物のなかでいちばん大切であったもの、「香油が入れてある石膏のつぼ」をもってイエスの足許に座し、涙で足を洗い香油を塗った。客を手厚く接待しようと心を砕くのは真に女性的なことである。だからマルタとマリアの物語でもイエスはマルタのそのような心の中に他者への献身的愛の奉仕に生きる態度を見て、深い共感をもたれたのであった。ここでもファリサイ派の人シモンの接待にくらべて、「罪の女」といわれた女性の比較をこえた献身のさ中に、イエスは大いなる愛を見ている。打算的なユダの目には「無駄使い」としか思われない「ナルドのつぼ」(マルコ34・3)こそ大いなる愛の表現ではないだろうか。「友のために自分の命を捨てること、これ以上に大きな愛はない」(ヨハネ15・13)とあるように、愛の本性は自分から出て、すべてをあげて他者のうちに生きようとする。人間のあいだの愛も、神への愛も、この点で変わりはない。イエスはこの女性の献身の中に、自分と同じ生き方を見て深い共感をもたれる。彼はこの神の愛の具現者なのである。「わたしたちが神を愛したのではなく、神がわたしたちを愛して、わたしたちの罪を償ういけにえとして、御子をお遣わしになりました。ここに愛があります」(第一ヨハネ4・10)とある通りである。

教会はこの「大いなる愛」によって支えられている。教会は小さな利己的な愛によって営まれているのではない。それは教育団体でも事業団体でも、思想の研究所でもない。利益をこえた愛によって生かされている。一週間に一度の短い礼拝のためだけに、これだけの土地と建物との財を使うこと自体、現世的には割の合わないことである。教会は「ナルドのつぼ」なる愛の剰余によって、打算をこえた精神によって成立する。それは「ただ働き」「無駄使い」といわれても、合理性に優る価値によって結び合わされている。この価値の比類のなさは打算を超えたところに明らかである。結婚式の衣装は人生でたった一回、しかもごく短時間に身につけられるにもかかわらず、人は多額の金を投じても悔いない。その出来事の人生全体に対する意味と価値とがそのようにわたしたちをしむけるのである。教会の価値はそれ以上の永遠的で聖なる価値であって、このことのために、わたしたちは打算をこえてすべてを捨てても参加しようと願うのである。この価値の高貴さは、人間的気質の違い、慣習の相違、教育の相違、性の違いを超越して、「共に」追求すべくわたしたちを動かしている。この価値指向がわたしたちを結び合わせる絆であって、愛の志向以外のなにものもわたしたちのあいだに介在させてはならない。この愛によって教会は、いかなる人間が指導するかという人間の問題をこえて、歩み続けることがゆるされている。

無神論とニヒリズムの時代にあって教会の勢力はたしかに衰退している。この傾向はいっそう進むであろうが、かえって人の手になる神々と自己信頼が破壊されて、神への真の信仰が明らかになることを希望することがゆるされる。神の言葉は人間の思いと計画をこえて今日も働いており、かつて「罪の女」に宿った「大いなる愛」の炎が、今日にいたるまで生き続けていることを知って、この愛の中に生きる恵みを感謝したいものである。

終わりに

わたしたちは日本人の現状に目を移すと、同胞がさまざまな霊力の玩弄物《がんろうぶつ》となっていることが痛感させられる。科学的技術があたかも神のように日本人の心に君臨し、無神論がはびこり、物質的な利益だけを追求するマモンの霊が支配している。そのため巷に悪魔的な力の餌食となって殺人・窃盗・詐欺・暴行といった事件が頻発し、極端な無差別殺人にまでが勃発し、人倫は地に落ち、破廉恥な振る舞いが日常化している。

それに対決し、人間らしさを回復できるのは、先に学んだ「霊と真理による礼拝」によってのみ可能ではなかろうか。「人を生かす霊」である「活ける水」に飢え渇いている乾涸《ひか》らびた心は、自ら掘り進めた「深い井戸」から「まし水」（霊水）を汲み出して、霊的に生き返らされなければねばならない。

最後にわたしたちはこの物語とよく似ているが、全く別の古典的な事例をここで引証してみたい。ギリシアの神話的人物オイディプスは人びとがこぞって羨む知力と権力、富と名誉からなる幸福を一身にそなえたテバイの王であった。しかし、すべての人が幸福であるとみなしていたこのオイディプスの心の根底に、彼を破滅に追いやる悪しき宿命のダイモーンが巣くっていることが突如として明らかになった。彼の日常生活はこのダイモーンの力によって破壊され、幸福な生と思っていた自己の存在が恐るべき霊力の玩弄物にすぎないことを自覚する。テイレシアスという預言者はこうした宿命を「真理」として知っていても、それが人間の力をこえているがゆえに、どうにもならない。彼は自白して言う「ああ、〔真理を〕知っているということは、なんとおそろしいことであろうか――知っても何の益もないときには」と。ギリシア的な知性はこのきびしい現実をしかと認識し、気高い心でもってそれに忍従する。

それに対し、わたしたち主イエスはこのような状況に置かれたわたしたちに近づき語りかけてくれる。そして悲劇を超えて神が愛であることを告知する。そのさいもっとも重要なのは神がイエスを派遣して、わたしたちと対話する関係を開いてくださったことである。この関係こそキリスト教的霊性の根底にある事実である。このことをヨハネは、神が先ずわたしたちを愛してくださり、わたしたちも神を愛するようになったという仕方で告知する（Iヨハネ4・10）。なぜなら「言《ことば》は肉となって、わたしたちの間に宿られた。わたしたちはその栄光を見た。それは父の独り子としての栄光であって、恵みと真理とに満ちて」（ヨハネ1・14）おり、「恵みと真理はイエス・キリストを通して現れた」（同17節）からである。この恵みを受けて、わたしたちは人生に絶望することを永遠に禁じられていることを知るのである。

注

（1）リクール『時間と物語』第3巻、久米博訳、新曜社、1990、448頁。

（2）リクール、前掲訳書、453頁。

（3）詳しくは金子晴勇『アウグスティヌスの人間学』創文社、1982、291―294頁。

［談話室］　オイディプスとイエス

オイディプス神話からエディプス・コンプレックスという深層心理が明らかにされたように、この物語はさまざまに解釈できる内容をもっており、いま問題にしている真理と自由についてもわたしたちに教えるところが多いように思われる。ソポクレス作『オイディプス王』を読むと、すぐれた知性の人オイディプスが自らの武力をもって知らずして父を殺し、知力をもってスフィンクスの謎を解きテーバイの王に迎えられるも、その結果、自分の母と結婚するという宿命を自分に招き寄せてしまったこと、そしてこういう運命が次第に明らかになってゆく様がみごとに描かれている。その際、わたしたちはオイディプス王が自分に隠されていた真実相つまり真理を探求しようとし、自己の宿命を徹底して追求しようとした点に注目すべきである。

このオイディプスとイエスとを比較してみると前者は神話的人物であり、後者は歴史上の人物である相違はあっても、両者とも王者である点がまず似ている。もちろん世俗の王と神の国の王とは異質である。だが、二人とも大きな苦難を負うている点が共通している。オイディプスは自己の宿命を知り、自ら目をくりぬいて呪い、自己を国外に追放し、放浪の旅に出る。神の子のイエスも最も悲惨な刑罰である十字架にかけられ、神に呪われた者として最期をとげる。このように酷似した生涯を送った二人であったが、人生の最期の死についての見方が全く相違している。
オイディプスは自分の運命から解放してくれるのは死である、死が自分の救いなのであると言う。それはソポクレスの『コロノスのオイディプス』の中で次のように語られている。

救い主はすべての者に最後には等しく現われる、
ハデスの運命が、結婚のことほぎの歌もなく、
竪琴の楽も、踊りも伴わずに、現われる時、
そうだ、最後には死だ。(高津春繁訳、以下同じ)

オイディプスは死がすべての人に平等に訪れるものであり、これにより重荷から解放されると言う。死は恵みであり、彼は喜んで死を迎える。個人の運命を澄んだ目《まな》ざしで見、そこに真理を捉えようとすれば、そこにこそ真実相が把握され、これ以外は虚偽としか考えられない。この死の真実があるからこそ、彼の現在の生活は忍従に耐える気高い心で支えられている。「わずかなものをおれは乞い、それよりももっとわずかなものを得るだけで、おれは満足するのだ。忍従、こ

れを数々の不幸、おれが共に生きて来た長い年月、最後に気高い心が教えてくれるからだ」。

ギリシア的知性はここにもっとも深い自由を捉えている。人生の現実をそのままに見て、そうあらねばならないと認めたとき、雄々しくも気高い心でそれを生きぬくこと、これが自由である。プロメテウス的反抗の自由も実は鋭い知性によって洞察された現実認識によって裏打ちされている。後にスピノザが「必然性の認識がすなわち自由である」とこの自由を明瞭に定義している。人生に描いた美しい夢が破れたとき、こうあらねばならなかったのだと知ること、そうしてそれを気高い心で生きぬくこと、ここにギリシア的知性が捉えた自由がある。

こういう自由に対しイエスの説いている自由はいかなるものであろうか。イエスは十字架に向かってそのような道を歩んでいったが、自分は真理に従って生きていると確信していた。真理とはイエスが神について見、かつ証ししているものである。一口でいえば、それは神が愛であるということである。運命は呪うべきものであったとしても、なおその奥において神は愛であることをイエスは説いている。彼が進んで十字架の刑を受けたことは、十字架の運命を彼が担うことによって神の愛が明らかになり、これにより人々が救済されるという真理が啓示されるためであった。この救済が罪からの解放としての自由である。自由となった者はいままでの生き方をやめ、イエス・キリストとの新しい交わりの中に入れられているのである。これが「真理につく」決断と言われていたものである。

　オイディプスは人間の現実がその深層においていかに悲惨な運命を宿しているかということを真理として説いている。この悲惨な宿命をイエスは神の愛によって克服しようとした。ここに真理の二つの見方がある。一つは現実をありのままに見るということであり、もう一つは同じことを神の目によって見るということである。この二つの見方の相違は、ちょうどわたしが失敗をやって恥かしさのあまり目をあげることができないのと、わたしの先生なり指導者なりが、試行錯誤によってわたしが少しずつ真理を学ぶようになることを知っているのとの相違である。たとえでいえば、それは醜く不潔な末娘のシンデレラのなかに未来の王女の姿を見るようなものである。目下のシンデレラは、グリム童話で「灰かぶり」と呼ばれているように、ありのままでは見るに耐えられないものであるが、神の目には美しい王女の姿が映っている。したがってギリシア的知性をもってありのままに見る真実相と、神の目をもって見る真実相とは同じ一つの現実を見ていても全く異なっているのではなかろうか。キリスト教は人生のありのままの姿を見ながら同時に神の目でもって見ることを教えている。

8　聖書における神とサタン

はじめに

先にギリシア・ローマ世界で信じられていた守護霊のダイモーンは聖書の中ではどうして悪魔の「デーモン」となるのであろうか。守護霊は「ダイモーン」と一般に呼ばれていたが、名称は同じでも、どのようにして「悪魔」や「サタン」を意味するようになったのか。そこで想起すべきことは、古代のバビロンやギリシアの神話には壮大な規模の創造叙事詩があって、それによって神々が讃美されていたが、同時にそこには神々の間に激烈な闘争が演じられていたことである。この叙事詩は紀元前二千年も前の太古の時代にバビロンで作られ、その影響を受けて、同時にそれを批判して、旧約聖書の創造物語が作られている。

バビロン神話には始原の神としてアプスーとティアマトが登場するが、両者は原始の海である。アプスーは淡水の大洋として知られていて、全大地の下に拡がって、水源や井戸を潤している。ペルシア湾も淡水の大洋である。ティアマトは塩水の大洋である。この神々は互いに男と女として、来るべき万物を孕ませる者と身ごもる者である。「そのさ中に」源を発し、生まれてくる神々の長い発生史の中で、若い神々がバビロン人たちの偉大なる神々であった。アプスーとティアマトという太古の神々とその子孫たちのあいだに死闘がもち上る。というのは子孫の神々が「天の住家の真っ直中で歌を唱えて、ティアマトの心を掻き乱せり」とある出来事が起こったためである。つまり若い神々が騒々しくて、静寂を破ったからである。だが若い神々は最初の合戦に勝利をおさめ、アプスーを魔法にかけ、眠らせて撲殺すると、ティアマトは撲殺された彼女の情夫に復讐しようとして、原始世界の竜として現われでる。若き神々は、深き戦慄に襲われて、ひとり彼らを救いうるマルドゥクに全権を委ねる。マルドゥクは、雷光で武装をして、戦いにのぞむ。恐ろしい大合戦で、彼は唸り狂うティアマトを捕える。さて、神々の戦闘が終局にいたったときになって初めて、マルドゥクは敵の死体——母の死体——から世界を創る。

時代は降って紀元前七世紀に、農民詩人ヘシオドスは、ボイオティアにて神々の血統についての神話を集成している。

まことや初めに混沌（カオス）生じたり、
次に生れしは広い胸の大地（ガイア）なり。
そは、積雪のオリュンポスの山頂に住む神々の久遠の住いなり。……
ガイア〔大地〕は己に等しき大きさの星をちりばめたウーラノス〔天〕を産み、
さらに天は大地を隈なく覆えり。
久遠の神々の永遠不動の御座所として。

天の神ウーラノスによって受胎して、大地は多くの力強い、恐るべき神の子等を産んだ。だが、子どもが生まれると、「大地の奥処にすべてを隠し、光明の世界へと上り来たらせず、悪業を楽しむ」。だが広い大地（ガイア）は詰めこまれ、心のなかで呻きたり、心痛やるかたなくて奸策《かんさく》をめぐらした。彼女は鉄の大鎌を作り、末子クロノスは母のため父に復讐する。ウーラノスがふたたび母に近づくと、クロノスはウーラノスの男根をかっ切って去勢する。クロノスは世界の主となった。彼は、自分の子どもらが、彼が父にしたのと同じように、彼になして、王座を追うかも知れないと恐れて、子どもたちが生れるとすぐ呑みこんでしまう。末子ゼウスは奸策により救いだされ、父クロノスを倒す。彼も暴風の神であったので、自己の武器である雷神の矢をもって、父の兄たちであるテイタンたちとすさまじい戦いを交え、オリュンポスの神々の支配を樹立する。

旧約聖書の創造物語を書いた祭司たちはユダヤ人のバビロン捕囚の期間に、したがって西暦前6世紀にバビロン神話に対決して創造物語を作った。それはヘシオドスよりも新しく、マルドゥクとティアマトの讃歌よりも新しい。祭司たちはバビロン文化の啓蒙思潮の影響を受けていても、その神話が自分たちの信仰と相容れないかを自覚していた。彼らは世界をバビロン人たちとは違って考えていた。彼らの神は自然力でも王権でもなく、世界を超越した人格神であった。

ユダヤ人にとって神は世界と人間とを、その言葉「……成れ」によって創造する。それはプラトンのデミウルゴス(世界製作神)のように工匠として何らかの素材から製作したのではない。創造神によってコスモスの神聖さは否定され、世界と人間は等しく神によって創られた被造物であるが、人間は神の姿に似せて創られているところにその優れた点が認められた。この神は人間に語りかける。これが旧約聖書の神の特筆すべき性格である。しかも「あなた」と語る。まさにこのゆえに、わたしたちは神に対し「あなた」と語ることができる。人格的な神が、この対話によって人間を人格にまで育成する。「あなたはわたしのもの。わたしはあなたの名を呼ぶ」(イザヤ43・1)。イスラエルの宗教は神に対する人間の関係のすべてを、この語ることと聴くことに集中させている。それゆえ信仰とは聴従なのである。そこには神と人との親しい人格関係が認められる。この人格関係を破壊すべく登場するのがサタンである。

1　旧約聖書のサタン

通常は「サタン」（Satanas）と呼ばれる悪魔（Diabolos）は神の意見に反抗して誹謗したり、訴えたりする存在である。バビロン捕囚以前では、ヤーウェは天と地にあるすべてのものを、良いものも悪いものも作った、とされていた。悪魔は存在しなかった。しかし捕囚期の後になると第二イザヤのように「（わたしが……）光を造り、闇を創造し、平和をもたらし、災いを創造する者」（イザヤ45・7）と言われるようになった。したがって悪魔の観念は神における「闇」に内蔵されていたものから次第に発展していった。それがどのような歴史的な経過のなかで発達してきたのであろうか。悪の化身としての悪魔は、言語的にはヘブル語のサタンを訳したギリシア語のディアボロスからラテン語を通って形成されてきたものである。

だが、正しい神が造った善なる世界にどうして邪悪が満ちているのであろうか。アダムの楽園物語ではヤーウェが幸福に暮すように人を造ったのに罪に陥ったのは不従順という意志によってであろうが、人間の堕落した意志だけでは不十分であると思われた。そこには神に反逆する悪の大きな力があるに違いなかった。そこで蛇の姿をして罪に誘惑する悪しき力が考えられた。その際「ヤーウェから悪意を抱く破壊的な面が差しひかれて、別の霊的能力者である悪魔に付加された。じつをいえば神性に、エジプトやカナンの〈神〉に起こったと同じような二分化が起こったのである。唯一神がふたつの部分に分かれ、〈神〉の善の面である一方は〈主〉になり、もう一方の悪の面が悪魔になった[1]」。

創世記には、ノアの洪水以前に悪が世にはびこったことを述べた際、人類の歴史のはじめに「神の子ら（ベネハエロヒム）は、人の娘たちが美しいのを見て、おのおの選んだ者を妻にした」（創世記6・2）という記事があって、そこで生まれた子どもは「ネフィリム」と呼ばれたが、それは「巨人の種族」であった。詩編82・1には神の会議の記事があって、そこではネフィリムに対する裁きが行われ、彼らは死すべき者となったと語られる。この記述はウラノスから直接生まれた天上的エロースが徳に向かうのに反し、ゼウスがディオーネーと関係して生まれた世俗的エロースが肉体に向かうというギリシアの愛の神話を背景にして語られているように思われる。

神の会議と言えば、ヨブ記の冒頭にもサタンが神の会議に出ている情景が描かれている。

ここではサタンは諸国を遍歴して諸事情を神に報告する天使の一員であったが、神によって義人ヨブを試みる者として物語られる。「ヨブは理由なく神を恐れるか」というサタンの問いは、バビロンに滅ぼされた捕囚の民の状況を反映しており、こんな不幸のさなかに神を信じる根拠がどこにあろうかと感じられていた。そこで彼は神と論戦し、自分を弁護する仲保者を求めるようになる。サタンは人間を責め、人間に対立し害をなす人格であっても、まだ神から分離していない。彼はいまなお天の会議の一員であって、「神」の同意と意志なしには何事もできない。したがってサタンは神から独立した悪の原理ではない。彼は「主」の忠実な僕であるヨブに対して悪事を加えるよう「主」を説得しなくてはならない。「神」は不承不承に同意し、留保条件をつけ、あとではヨブを誘惑したことでサタンを責める。サタンは「神」の影、暗い面、「神」が嫌々ながらでしか行使しない破壊的な力である。こうしてサタンは「神」の破壊力の人格化になった。

このようなサタンの試練を受けると一般にはだれも神を信じなくなる。したがってヨブは一般人の見解に逆らって、理性的には不可解な隠れたる神を告白するように導かれる。それゆえ、この物語の核心は「主を畏れ敬うこと、それが知恵」(28・28)という認識にあり、「主は与え、主は奪う。主の御名はほめたたえられよ」(1・21)という告白によって最初から宣告されている。「問題になっていることは、神の前ではヨブが無条件に隷属的であるということである。――ヨブは自分自身の信仰を信じるのか。それとも実際の神を信じるのか。――神は人間の行く途に垣根をめぐらした。ヨブから最後の支えをうばいとり、そういう形で神を経験させせることになるがゆえに、神の裁きは神の恩恵なのである」[2]。したがってこの物語は信仰の基礎を道徳に置くのではなく、まさに逆に道徳の基礎を絶対者の裁きを信じる信仰に置こうとする。神の前では人間の最良の意志ですら疑わしくなり、誠実な知ですら、その無知が暴露されてしまう。ヨブは試みる者であるサタンによってこのような境地に招かれたのである。

旧約聖書ではサタンは悪魔の中に一つであったが、悪魔の名前はとくに黙示文学の時代になると多くなり、その中にはベリアル、マステマ、アザゼル、サタナイル、サマエル、セミヤザ、サタンなどがあったが、これらの名称が収斂していってサタンに集約されるようになった。つまり悪魔の名称の中で「サタン」がもっとも権威ある名になった。

2　聖書における悪魔と「霊」の理解

新約聖書で悪魔に与えられている名称は、前に考察したヘレニズムとユダヤ教という二つの影響が認められる。「サタン」または「悪霊」の用語が時折使われているが、またときには「悪魔」(ディアボロス)と呼ばれるが、それはヘブル語のサタンのギリシア語訳である。その他でも「ベルゼブル」、「敵」、「ベリアル」、「誘惑者」、「告発者」、「わるもの」、「この世の支配者」、「ダイモーンの王」ともいわれる。黙示録（12・9）では「巨大な竜、年を経た蛇、悪魔とかサタンとか呼ばれるもの、全人類を惑わす者」と連呼され、エフェソの信徒への手紙（2・2）では「この世を支配する者、かの空中に勢力を持つ者、すなわち、不従順な者たちの内に今も働く霊」と呼ばれる。それゆえ悪魔は霊的存在者であると考えられる。このような霊的存在に対決するのが新約聖書ではキリストなのである。

　キリストは荒野の誘惑以来絶えず悪魔の攻撃を受けている。この悪魔の支配からの解放が新約聖書の教えの中心をなす救済である。したがって悪魔は「主」なるキリストの敵として登場する。その戦いは人々の目からは隠されている霊的な次元での闘いである。そこで聖書の「霊」についての理解が不可欠となる。

　キリストと悪魔の対決の背後には、隠された次元での神とサタンとの対決が感得（奥深い道徳や真理などを感じ悟ること。特に、深遠な真理などを悟り知ること。）されるが、こうした対決は人間の心の内奥における闘争として展開する。その際、人間の内奥はとりわけ「霊」という新しい概念で表明される。わたしたちは聖書の人間観の特質が魂と身体というプラトン的な二元論的構成を全く欠如しており、それまでの哲学には全く知られていなかった「霊」（ruah ルーアッハ）が聖書において独自な次元を創出していることに注目しなければならない。

実際、旧約聖書はその冒頭から「神の霊」について語り、それが人間に命の息を吹き込み、人間を霊として創造したと語っている（創世記1・1、2・7）。人間は神のように霊そのものではないが、神から来る霊は人間を生かす力なのである。(3) 新約聖書でも「霊」（プネウマ pneuma: 風・息・精神）は本来的な人間存在を言い表す目印となっている言葉である。これは旧約聖書の七十人訳でルーアッハをギリシア語に訳したとき用いられた。これが新約聖書では人間のために用いられ、霊や単に人間を意味する。(4) しかし「霊」（pneuma）は「肉」（sarx）と対立する人間学的な概念である。ところが神の霊の働きは人間に及んでおり、その力を受けると人はキリスト者として新生し、もはや「肉的に」ではなく、「霊的に」生きる（ローマ8・9 神の霊があなたがたの内に宿っているかぎり、あなたがたは、肉ではなく霊の支配下にいます。）。こうして人は生活の中にいわば新しい次元が授けられ、その存在は神の秩序から整えられる。これが神から生きる「霊の人」（pneumatikos）であり（Ⅰコリント2・14―15 自然の人は神の霊に属する事柄を受け入れません。その人にとって、それは愚かなことであり、理解できないのです。霊によって初めて判断できるからです。霊の人は一切を判断しますが、その人自身はだれからも判断されたりしません。）、「生まれながらの人間」（psychikos）から区別される。霊的な人は新しい現実、思いもよらない未来、つまり神の霊と力の完全な啓示を待望する。(5)

パウロはこの「霊」概念を人間学の三分法「身体・魂・霊」の一つとして一度だけ使っている(6)（第一テサロニケ5・23）。ここで彼は古代の「霊・魂・体」の三分法を使っていても、それは人間の三つの独立の構成部分を表すのではなく、人間そのものが表明されている。プネウマはそこでは、霊をもつというばかりでなく、霊でもある人間を指している。しかし「〝霊〟は一切のことを、神の深みさえも究めます」（Ⅰコリント2・10）と言われ、さらに「神の知恵」・「知識」・「信仰」との関連で使われている。

しかし、この「霊」の次元は現実にはいまだ実現しておらず、完全な実現は将来のことであるが、すでに人間はその次元の全体的な実現に向かう途上にある。この将来への期待は再び全体的な人間に妥当する。そこでは霊による更新によって心身からなる人間の復活が問題であって、プラトンが強調する魂の不滅は問題となっていない(7)。

ところでこの霊にはそこに神やサタンが受け入れて、宿らせるという受容機能が認められる。つまり人間の霊を通して神やサタンが取り憑《つ》くことが起こる。したがってサタンが神の国を妨害するもっとも一般的な手段の一つは憑依《ひょうい》である。通常はサタンに仕える悪霊が憑くのだが、ヨハネ福音書では「悪霊に取りつかれている」ことに関する論争の記事まであげられている（ヨハネ8・48以下参照）。それゆえイエスは悪霊を祓《はら》い、悪魔が送った病気を癒《いや》すことによって、サタンの国と戦い、勝利する。「わたしが神の指で悪霊を追い出しているのであれば神の国があなたたちのところに来ているのだ。」。（ルカ11・20）

3　イエスと悪霊との闘い

新約聖書はサタンのほかに悪魔（ベルゼブル）が悪霊どもの頭として登場する（マルコ3・22；マタイ25・41呪われた者ども、わたしから離れ去り、悪魔とその手下のために用意してある永遠の火に入れ。）、その支配下でさまざまな個々の悪霊が働き（ルカ11・14、24、26）、個々人の心の中に入り込んで裏切り・虚偽・殺人などの悪しき行いへ誘惑する（ヨハネ6・70；8・44、使徒言行3・2；ルカ22・3）。同時に宇宙論的次元では、配下とともに天から地上に追放されて（黙示12・7―9；ルカ10・18）、闇の世界に君臨する支配者となるものの、やがて神とキリストの勢力によって滅ぼされる[8]（ヨハネ12・31；14・30；黙示20・1―3わたしはまた、一人の天使が、底なしの淵の鍵と大きな鎖とを手にして、天から降って来るのを見た。この天使は、悪魔でもサタンでもある、年を経たあの蛇、つまり竜を取り押さえ、千年の間縛っておき、底なしの淵に投げ入れ、鍵をかけ、その上に封印を施して、千年が終わるまで、もうそれ以上、諸国の民を惑わさないようにした。その後で、竜はしばらくの間、解放されるはずである。）。

イエスは公的な生活を開始するに先立って洗礼者ヨハネによって洗礼を受けたが、それは彼が罪を清めたというよりも鳩の姿をして天から降った聖なる霊によって宣教生活に入ったことを告げている。ところが彼はすぐさま聖霊によって荒野に導かれて悪魔との闘いに入っていった。これが荒野の誘惑物語である。

（1）荒野の誘惑物語

人間の心が身体・魂・霊の三つの機能によって構成されていることを本書の序論で指摘したが、こうした機能がパンや支配や霊力によって受ける三様の誘惑をイエスがいかに克服したかが物語られている。その闘いはデーモンとの闘争を物語っている。

さて、イエスは悪魔から誘惑を受けるため、〝霊〟に導かれて荒れ野に行かれた。そして四十日間、昼も夜も断食した後、空腹を覚えられた。すると、誘惑する者が来て、イエスに言った。「神の子なら、これらの石がパンになるように命じたらどうだ。」イエスはお答えになった。「『人はパンだけで生きるものではない。神の口から出る一つ一つの言葉で生きる』と書いてある。」次に、悪魔はイエスを聖なる都に連れて行き、神殿の屋根の端に立たせて、言った。「神の子なら、飛び降りたらどうだ。『神があなたのために天使たちに命じると、あなたの足が石に打ち当たることのないように、天使たちは手であなたを支える』と書いてある。」イエスは、「『あなたの神である主を試してはならない』とも書いてある」と言われた。更に、悪魔はイエスを非常に高い山に連れて行き、世のすべての国々とその繁栄ぶりを見せて、「もし、ひれ伏してわたしを拝むなら、これをみんな与えよう」と言った。すると、イエスは言われた。「退け、サタン。『あなたの神である主を拝み、ただ主に仕えよ』と書いてある。」そこで、悪魔は離れ去った。すると、天使たちが来てイエスに仕えた（マタイ4・1―11）。

このようにイエスは身体的・心的・霊的な三つの試練に襲われた。サタンによる第一の誘惑は石を変えてパンとなせというもので、それは感性からの試練である。第二の誘惑は宮の頂きから身を投じ、民衆を魅了する奇跡を行なえというもので、心的陶酔への試練である。第三の誘惑は悪魔にひれ伏して礼拝するなら、全世界の支配権を与えるというもので、それは霊における試練である。この霊的試練は、霊的なカリスマ（賜物）を授けられた人に襲いかかっている。イエスはこれら三つの誘惑を決然として退けた。ただ、霊的に神を礼拝することこそ人間の存在を秩序づけ、平安をもたらす。

（2）「悪しき霊につかれた人」の物語

新約聖書にある「悪しき霊につかれた人」の記録は、聖書における霊性の発現の形態をよく示している。マルコ福音書には次のように記録されている。

一行は、湖の向こう岸にあるゲラサ人の地方に着いた。イエスが舟から上がられるとすぐに、汚れた霊に取りつかれた人が墓場からやって来た。この人は墓場を住まいとしており、もはやだれも、鎖を用いてさえつなぎとめておくことはできなかった。これまでにも度々足枷《あしかせ》や鎖で縛られたが、鎖は引きちぎり足枷は砕いてしまい、だれも彼を縛っておくことはできなかったのである。彼は昼も夜も墓場や山で叫んだり、石で自分を打ちたたいたりしていた。イエスを遠くから見ると、走り寄ってひれ伏し、大声で叫んだ。「いと高き神の子イエス、かまわないでくれ。後生だから、苦しめないでほしい。」イエスが、「汚れた霊、この人から出て行け」と言われたからである。そこで、イエスが、「名は何というのか」とお尋ねになると、「名はレギオン。大勢だから」と言った。そして、自分たちをこの地方から追い出さないようにと、イエスにしきりに願った。ところで、その辺りの山で豚の大群がえさをあさっていた。汚れた霊どもはイエスに、「豚の中に送り込み、乗り移らせてくれ」と願った。イエスがお許しになったので、汚れた霊どもは出て、豚の中に入った。すると、二千匹ほどの豚の群れが崖を下って湖になだれ込み、湖の中で次々とおぼれ死んだ。豚飼いたちは逃げ出し、町や村にこのことを知らせた。人々は何が起こったのかと見に来た。彼らはイエスのところに来ると、レギオンに取りつかれていた人が服を着、正気になって座っているのを見て、恐ろしくなった。（マルコ5・1―15）

このような悪霊物語においてイエスと悪霊に憑《つ》かれた男とがどのように出会ったのかを考えてみたい。そこには奇跡物語が展開するが、霊につかれた人はイエスに対して「いと高き神の子イエス、かまわないでくれ。後生だから、苦しめないでほしい」と言う。悪しき霊の特色は「放っておいてください」と言っているように、他者との関係を断ち切って、自分自身の内に閉鎖的にとじこもり、高慢になって自己を絶対視し、狂気のごとく振舞っているところにある。聖書はその様子を墓場を住居とし、鎖を引きちぎって、昼夜たえまなく叫びまわっていたと語る。イエスは他者のため、隣人のために一身を献げた人である。この点でイエスはサタンと決定的に対立する。イエスと共にある生き方は他者に対し心を開いて交わりを生きぬく姿勢で明らかにそれと知られる。イエスとの交わりの中にあることによって今までの生き方に終止符がうたれ、全く異なる生活への転換が生じる。レギオンと言われた人にもこの出来事が生じた。イエスに対する正しい態度はこのレギオンと呼ばれていた人のように「イエスと共にあること」（18節）なのである。この出来事はイエスによる交わりへの意志と交わりを拒否していた者が交わりの中に生き返ったことであり、それは神の国が形をとってイエスと彼の間に実現したことである。

イエスは他者のため、隣人のために一身を献げた人である。イエスはサタンと決定的に対立している。イエスと共にある生き方は、他者に対し心を開いて交わりを生きぬく姿勢である。キリスト教はギリシア人が考えたように孤高な思想や抽象的理念から生まれていない。イエスとの交わりの中にあることによって今までの生き方に終止符がうたれ、全く異なる生へと転換してゆくことが生じる。レギオンと言われた人にもこの出来事が生じた。イエスに対する最も正しい態度はこのレギオンと呼ばれていた人のように「イエスと共にあること」である。この出来事はイエスによる交わりへの意志と交わりを拒否していた者が交わりの中に生きかえったことであり、神の国が形をとってイエスと彼の「あいだ」に実現したことである。

イエスは悪霊につかれていた人に答えて、「自分の家に帰りなさい。そして身内の人に、主があなたを憐れみ、あなたにしてくださったことをことごとく知らせなさい」(20節)と語っている。イエスは彼が弟子たちのように活動することを欲せず、彼の仲間の親しい人たちのあいだに主が彼自身になしたことを知らせるように命じる。[9]

長血の女と会堂司ヤイロの娘に起こった奇跡物語も、奇跡そのものよりも、これをとおして開かれてくるイエスとの出会いの出来事こそいっそう根源的意味をもっている。イエスは信仰によって癒しを得た女をさがし求める。イエスは信仰の交わりを求めて、対話に入り、神の祝福の言葉を与えることによって、神との交わりの意義を教えようとする。これこそ奇跡に優る重要なことである。会堂司ヤイロに命じられた「恐れることはない。ただ信じなさい」（36節）は神への全体的関わりとイエスの中に神の意志の実現を信じることであって、神の国の出現の現実こそ信仰の向けられるべきところである。

無神論と世俗化の進んでいる「墓場」のごとき現代において、神の下なる生ける現実は深く隠され覆われており、まったく見えない。そしてわたしたちは、悪霊につかれた狂人のごとく叫びまわり、肉体の病に苦しむ婦人のごとく、ひとり孤独の道を歩み、愛するものをなくしたヤイロのように絶望している。イエスはこのようなわたしたちの現実の中に入り来ようとし、交わりを求めている。イエスとの交わりの中からわたしたちは、古い生活を断ち切って、他者と隣人につかえる新しい開かれた生活に入って行くことが、今日においてもなお許されている。

そこで悪霊物語におけるイエスと悪霊に憑《つ》かれた男との出会いを考えてみたい。そこには奇跡物語が展開するが、霊につかれた人はイエスに対して「いと高き神の子のイエス、後生だから、苦しめないでほしい」と言う。悪しき霊の特色は「放っておいてください」と言っているように、他者との関係を断ち切って、自分自身の内に閉鎖的にとじこもり、高慢になって自己を絶対視し、狂気のごとく振舞っているところにある。聖書はその様子を墓場を住居とし、鎖を引きちぎって、夜昼《よるひる》たえまなく叫びまわっていたと語る。イエスは他者のため、隣人のために一身を献げた人である。この点でイエスはサタンと決定的に対立する。イエスと共にある生き方は他者に対し心を開いて交わりを生きぬく姿勢に明らかにそれと知られる。イエスとの交わりの中にあることによって今までの生き方に終止符がうたれ、全く他なる生活への転換が生じる。レギオンと言われた人にもこの出来事が生じた。イエスに対する正しい態度はこのレギオンと呼ばれていた人のように「イエスと共にあること」(18節)なのである。この出来事はイエスによる交わりへの意志と交わりを拒否していた者が交わりの中に生き返ったことであり、それは神の国が形をとってイエスと彼の間に実現したことである。

4 「サマリアの女の物語」

しかし人間においては何らかの自己認識がなければ、イエスをキリストとして告白するには至らない。この自己認識に導くのがヨハネ福音書が説く真理の働きである。この真理と真剣に関わるのが人間の内なる霊である。ヨハネ福音書に展開する「サマリアの女の物語」がこれを鮮明に解き明かしている。今や霊は人間のうちに宿って真理を受容する働きにまで高められる。

イエスがサマリアを通過して郷里のガリラヤへと旅をしたとき、シカルという村の近くにあった歴史上有名な「ヤコブの井戸」で彼は休息された。そこに一人のサマリアの女が人目を避けるようにひっそりとやって来た。弟子たちが食糧の調達に出かけたあとに、井戸端の座したイエスは渇きを覚え、水瓶を携えてきた女に当時のしきたりに逆らって「水を飲ませてください」と言って語りかけた。この対話については前章でも触れたので、ここでは省略する。

イエスは彼女が心中深くいだく闇のような暗い生活に光の照射を与える。イエスは真剣ではあっても何かしら悩みを懐いた女性の中に夫婦関係の問題を直観的に感じとり、唐突にも「夫を連れてきなさい」と問いかけた。この直観は対話の直中で閃いたものに他ならない。突発的な飛躍と劇的な展開こそ対話的語りにつき物の特質である。この命令とともに女はその過去の暗い部分を指摘される。つまり彼女が五人の夫を以前もっていたが、今のは非合法な夫婦関係にあることを言い当てられたがために、イエスを先見者として認識する。そこで彼女は予言者ならば神を礼拝する場所がゲリジム山の神殿か、それともエルサレムの神殿かという、当時の宗教上の大問題を持ち出す。これに対しイエスは礼拝すべき場所は地理に特定される山でも町でもなくて、「心の内なる霊の深み」において真理を求めて礼拝すべきことを告げる。

「まことの礼拝をする者たちが、霊と真理《しんり》をもって父を礼拝する時が来る。今がその時である。」(4・23)。

イエスの来臨とともにすでに到来している霊と真理による礼拝によってすべての祭儀が皮相的で不真実のものとして廃棄されている。「わたしは真理《しんり》である」(14・6)と言われるイエスと対話する者には自己認識が呼び起こされる。わたしたちは真理の光の照明を受けて自分が気づいていない隠された暗闇の部分が照らしだされる。神の子イエスの前に対話的に係わるときにはこの真理の光を受けて「赤裸々な自己」の認識と告白が必然的に起こってくる。

そのときイエスは正しい神の礼拝の仕方を教える。「神は霊である。だから、神を礼拝する者は、霊と真理をもって礼拝しなければならない」(4・24)と。その意味は、神は霊であるから、人は霊において礼拝すべきであるということである。ところが人間の霊は、サマリアの女と同様に、ほとんどの場合、偽り・虚栄・貪欲・物欲・情欲・支配欲・金銭欲といったいわば七つの悪鬼(魑魅魍魎《ちみもうりょう》)によって支配され、醜くも汚染されている。それゆえわたしたちは真理であるイエスに導かれ自己認識によって神に対して徹底的に謙虚とならねばならない。

ここで「霊」が「真理」と一緒に用いられているのは人間の霊が真理の照明によって正しい自己認識に達し、謙虚になって霊の新生を求めるためである。それゆえ聖書は「打ち砕かれた霊」が恩恵を受ける不可欠の前提とみなしている（イザヤ57・15；詩編51・19；ルカ1・47―48参照）。

したがって聖書によると霊は人に授けられた力であって、人を生かすのであるが、そのさい神の霊は真理をもって人間を照明し、正しい自己認識に導くと同時に偽りの祭儀・虚偽の宗教・神に敵対する諸々の霊力から人間を解放する。というのは生身の人間は自分を超えた諸々の霊力の餌食になっている場合が多いからである。こうして、すべてこの世の内なる、にせ物の、したがって不法の祭儀は神の子の派遣によって一挙に打ち破られたのである。

注

（1）ラッセル『悪魔——古代から原始キリスト教まで』教文館、1995年、185―186頁。したがってヘブライ人は一神論にとどまりながら、同時に無意識に二元論へ向っていった。ヤーウェは全能であり、全面的に善であって、悪はその本性と無縁である。だが悪は存在する。この悪の存在を説明しようとすれは、どうしても二元論へ向かわざるをえなかった。

（2）ワインシュトック『ヒューマニズムの悲劇――西洋的人間像における真と偽』樫山欽四郎・小西邦雄訳、創文社、1976年、445頁。

（3）この霊はそれ自体で非物質的なものではない。むしろ霊は風や息の自然力を意味しており、神は人間を生かす生命力として鼻に命の香りを吹き込んでいる（創世記2・7）。

（4）そのとき何か人間自身をを超えたもの、その本質を超えたものが言われていると考えるべきではない。しかし、「霊」という言葉は神の霊を言い表すや直ちに全く別の意味をもっている。

（5）この「霊」をトレモンタンは「人間の中の超自然的部分」であり「人間の中にあって神のプニューマとの出会いが可能なところのもの」と言う。この部分のゆえに神の〈霊〉の内在ということが異質的な侵入とはならないで、異邦の地における大使館のように準備されている（C・トレモンタン『ヘブル思想の特質』西村俊昭訳、創文社、1963年、178―192頁）。

（6）ブルトマンはこれを礼拝の式文であると推定し、キュンメルもこの「霊」を人間と見る使用例も少なく、「霊」を神に近いものとは考えない。R・ブルトマン『新約聖書神学Ⅱ』川端純四郎訳、新教出版社、1980年、29―30頁、W・G・キュンメル『新約聖書の人間像』松木真一訳、日本基督教団出版局、1969年、50頁参照。

（7）この点では旧約聖書においてもすでに二元論は成立していない。この世の生活の後にある生命が告げられているときに、それに全体的な人間が関与している（イザヤ26・19；66・22、23；ダニエル12・2参照）。同様に新約聖書も語っている。しかももっと明瞭に全体的な人間の復活について語っている。

（8）『岩波 キリスト教辞典』岩波書店、2002年、17頁による。

（9）ところが彼はデカポリス地方一帯にイエスのことを言い広めたとあって、彼が宣教活動を行なっていたことが知られる。イエス御自身の異邦伝道がデカポリス地方に創始されたことをこの記事は語っているとも考えられ、原始キリスト教団の宣教活動がここに裏付けられていると主張された。

［談話室］　アウグスティヌスとミルトンの『失楽園』

ミルトンの代表作『失楽園』は神に反逆した堕天使サタンの誘惑によってアダムとエバが罪を犯して楽園を追放されることを描いた物語である。この作品によってヨーロッパ文学における悪魔像は巨大化し、多大の影響を今日にまで及ぼした。

そこには近代における人間の実像が反映され、この時代に芽生えてきた人間の自律と自由の理解が根底にあって、そこから自由をヨーロッパの知的な伝統にもとづいて政治的領域で論じられるに先立って、人格的な問題として、しかも最高価値である神との関係で宗教的に把捉し、強固な土台の上に基礎づけた。

この『失楽園』の主題は「罪とその罰」であって、まず人間が神に反逆し、そのため彼がそれまで置かれていた楽園が失われる。次いで人間の堕落の主原因であった蛇、というより蛇に宿ったサタンのことが語られる。サタンは神に叛き、夥しい天使の軍勢を味方に引き入れたが、神の命令によってそれらの一味徒党もろとも天国から追放され、大いなる深淵に堕ちた。彼はこの地獄の炎々たる火の池に横たわっていたが、しばらくして、そこに横たわっていた麾下《きか》の全軍勢を呼び起こす。彼は伏魔殿を造営し、全体会議を開いて、天国を奪回すべく謀議をめぐらす。

サタンは最高位の大天使ではなかったが、高い天使の階級に属し、権力においても、寵愛と名誉においても偉大な存在であった。ところが御子がその父なる神によって栄光を与えられ、油を注がれし王、メシアの救世主と宣示されるに及んで、嫉妬に駆られて御子に拝跪《はいき》するのを拒否した。彼はだれにも隷属しない絶対的な自由を主張する。

このサタンの姿は神に反逆するにしたがってかつての天使としての品位を失い、次第に醜悪な姿をとるようになる。彼の意志は悪くなった。そしてその歪んだ意志に合致するように、その姿も次第に変わってゆく。その劣化はやがてグロテスクになって、蛇の姿にまでやつれていって人間に罪を犯すように誘惑する。

このサタンの姿の中に「堕罪とは何か」が語られており、ミルトン学者C・S・ルイスの『失楽園序説』の第10章「ミルトンとアウグスティヌス」によると、その姿はアウグスティヌスが『神の国』で創造と堕罪に関して教えた内容に従っている。神は人間を善に造ったのに、悪魔は神の「服従者になることを欲せず、暴君のごとく自分自身の服従者をもつことを喜びたいと欲して、神から自己自身へと目を転じた傲慢な天使」(『神の国』XIV・11)である。ミルトンの悪魔はまさしくこの説明に一致する。彼の第一の関心は自己自身の尊厳である。悪魔は「自分の真価が損なわれたと思った」ので叛逆したのだ。彼は「偉大なサタン」にして「帝王」であり、東洋的専制君主とマキァベリ的な支配者の混合物である。このようにミルトンでは悪魔の本性の優秀性が、その意志の堕落との対照によって、また、高い品位が悪化したことによって主張される。

サタンが人間を堕罪に導いた誘惑はどのようにして起こったのか。サタンが「悪霊に憑かれた狡猾な蛇」の姿でまずエバを誘惑し、次いでエバによってアダムが禁断の木の実を食べると二人は自分の裸に気づき、羞恥心を覚えるのみならず、常軌を逸した欲望の虜となってしまう。サタンはアダムを誘惑できなかった。それは神が自由意志と理性をさずけて完璧に人間を造ったことを知っており、彼が限界を超えて神の掟を破ろうとはしなかったからである（ミルトン『失楽園』平井訳、岩波文庫、下巻、9・703—704)。それに反しエバはサタンに美しいとほめられ、神性にまで達することができるとおだてられると、誘惑にはまってしまった。

このようにサタンは最初に罪を犯したがゆえに、決して救われないが、人祖はサタンによって誘惑されたのだから、人間には救い主が与えられる。最初の者たちは、自ら誘惑に陥り、自ら腐敗を求めて勝手に堕落したのに対し、人間はこの初めの者たちによって欺かれ、堕落した。だから人間は恩寵を見出すことができる。それが『楽園の回復』において展開する。その際、「荒野の誘惑」（マタイ4・1―11）でサタンによって三つの試練を受けたが、信仰によってキリストが打ち勝った物語を通して説き明かされる。キリストの神に対する徹底した信仰を見て「サタンは驚愕に打たれて落ちた」と説かれた。

9　キリスト教教父の神秘思想

原始キリスト教の時代はイエスの直接的印象が使徒たちから信徒たちに伝えられ、信仰の感動のうちにキリスト教の宣教が広汎にゆき渡った力に満ちあふれた時代であった。しかし使徒後教父の時代に入ると信仰の感動的生活にかわってヘレニズム文化の合理主義と道徳主義が支配する傾向を生じさせ、聖書以外の精神が教会に流入しはじめた。二世紀に入るとこの傾向はいっそう強まって来て、キリスト教のギリシア化という問題が起こってくる。

二世紀の中葉からキリスト教とヘレニズム文化との交流がいっそう進展し、やがて両者の対決が不可避的になってきた。この交流はすでに原始キリスト教会からはじまり、当時ギリシア語を語るヘレニストのユダヤ人のなかでキリスト教を信じた者たちが、とくにパウロが旧来のユダヤ主義を依然として擁護したキリスト教徒をしりぞけて以来、キリスト教のギリシア化の問題が教会の主流と成るようになった。(1)

こうして二世紀の後半にはヘレニズム時代の宗教思想であったグノーシス（霊知）によりキリスト教を解釈したグノーシス主義があらわれ、サトルニノス（Saturninus, 2C）、カルポクラテス（Carpocrates, c.2C）、バシレイデス（Basilides, 2C）、ヴァレンティヌス（Valentinus, 2C）、およびマルキオン（Marcion, ?~c.160）が活躍した。これらの異端分派との対決という形でキリスト教思想史は新たな段階を迎えるようになった。これに加えてローマ帝国によるキリスト教の弾圧と迫害がいちだんと強化されるようになった。この弾圧に対しキリスト教の真理を弁護し、道徳生活の健全性を弁明し、かつ異端を論駁する護教家が多数登場する。彼らは弁証家（アポロゲーテン）と呼ばれた。[2]

二世紀の弁証家の代表は殉教者ユスティノス（Justinus, c.100~c.165）である。彼はパレスチナに生まれ、ギリシア哲学の影響を受け、とりわけプラトンのイデアの直観に至ろうとしたが、神秘的直観のほかに啓示による方法のあるのを知ってキリスト教に入信し、後ローマでキリスト教を講じ、マルクス・アウレリウス帝の治下165年頃迫害を受けて殉教した。彼はキリストを神のロゴスの人間化や完全な実現とみなし、ソクラテスもプラトンも同じロゴスに従って生き、不完全ながら真理を語ったが、それはキリストにいたる準備段階とみなされた。それゆえキリスト教はロゴスの実現としてもっとも理性的な宗教であると彼は弁護した。このようにキリスト教教父の思想は、異端であるグノーシス主義と相違しており、キリスト教の基本信条を哲学によって弁明した。こうしてグノーシス主義や異端に対する論駁が次の世紀において展開し、正統なキリスト教神学の形成を見た。

その際、エイレナイオス（Irenaeus, c.130~c.200）が正統的神学の形成に大きな役割を果たした。彼はバレンチノス派のグノーシス説を批判した『異端論駁』全五巻（邦訳あり）をあらわし、カトリック教会の伝統的教義の基礎を定めた[3]。

このように異端と対決した古代教会における最大の関心は受肉の問題であった。そこから三位一体論とキリスト論というキリスト教の教義が生まれた。この時代の主たる関心は受肉に向けられ、「永遠的なものに与ることへの渇望が霊性的な「敬虔」を導き出した。そこに息づいていた永遠への志向のゆえにプラトン主義が受容され、キリスト教的プラトン主義というこの時代に特徴的な霊性思想が形成された。

そこでわたしたちはまず三世紀の弁証家のうちキリスト教と哲学との総合を志したオリゲネスの霊性思想を検討してみよう。

1　オリゲネスの霊性思想

オリゲネス（Origenes Adamantius, c.185~c.254）はアレクサンドリアで教育を受け、そこで活躍した新プラトン主義の開祖アンモニオス・サッカスの教えを受け[4]、豊かなギリシア哲学の教養をもってキリスト教の教義を哲学的に解明した[5]。アンモニオスのところでともに学んだ学友プロティノスが神なる一者からの世界の流出を考えたのに対し、オリゲネスは神の世界創造を説き、神の非物質性を強調しただけでなく、「神は霊である」と説く聖書の意味を探求した。その際、彼はフィロンの比喩的解釈に倣って聖書の言葉は文字通りの意味のほかに霊的な意味を探求し、これによって人間を身体的な次元から霊的な次元へと超越させ、神との交わりに参入させなければならないと考えた[6]。

『雅歌注解』の霊性思想

このオリゲネスの霊性思想は神のロゴスと魂との婚姻において、とりわけ『雅歌注解』の中で詳しく展開される。その際、霊性の運動は御言葉の観想によって示され、キリストの受肉に呼応する魂が神へ向かって上昇し、神の直視に至る過程を通して説かれた。それは霊的な経験であって、しばしば神秘的な用語で表現された。そこで語られたのは霊感と照明とによる「突然の覚醒」である。彼は聖書の寓意的解釈を通してその「霊的・神学的」意味を捉えようとした[7]。

まず、注意を惹くのは見えないものに対する純粋な霊的な「憧憬」であり、それは内なる人の

「霊的な愛」から生まれる。この内なる人は外なる人が五官をもっているように五つの「霊的感覚」をもつと言われる。[8] この霊的感覚を覚醒するために魂の眼に光をもたらすのは御言葉であって、恩恵によって霊的感覚の中に御言葉が注ぎこまれると、魂は覚醒され、それに応じて身体的な感覚のほうは弱まる。この霊的感覚は本来精神（ヌース）に属し、その堕落形態である魂（プシュケー）には属さない。この霊的感覚は、「神学を霊的な生活の最高段階として捉えるという教説を心理学的に表現したもの」（ラーナー）と言われるように、人間に善悪の識別能力を授けるばかりか、ある種の微妙な霊的感受性（「第六感」ないし「内的感覚」）を意味する。[9] それは霊的な感応作用であって、次のような視覚・嗅覚・触覚として述べられる。

そしてまた、善悪を見分ける感覚を持っている訓練された人々について述べている使徒パウロの言葉に沿って考えてみれば、恐らく、魂のもつ一つ一つの感覚のために、キリストはそれらの感覚に対応するものとなられるでしょう。このためでしょう、事実、キリストは真の光と呼ばれます。魂の目が、照らされる光を必要としているからです。キリストは御言葉とも呼ばれます。耳が聞くべき言葉を必要としているからです。また、キリストは生命のパンとも呼ばれます。魂の味覚が味わうパンを必要としているからです。ですから、同じ様に、ここでキリストは香油とかナルドと呼ばれています。魂の嗅覚がロゴスの芳しい香りを必要としているからです。またこのためでしょう、キリストを触れ得る、手でさわることができるとかロゴスは肉体となったと述べられています。内なる魂の手が生命のロゴスに触れることができるためです。とはいえ、これらはすべて同じ一つの神のロゴスです。神のロゴスは、祈りの情によって摂取され、魂の感覚のどれか一つでも、ご自分の恵みを受けずに取り残されることのないようにされたのです。(10)

このようにオリゲネスは魂の上昇過程を最高段階にまで導いたが、そのときには愛と並んで神の憐れみが強調された。これは魂が自分の力ではそこに到達できなかったからである。神の直視はプラトンが『饗宴』のなかで説いたように、この上昇過程のさなかに「突如として」現れるが、オリゲネスはプラトンの説を修正して御言《みことば》の受肉という神の憐れみによって初めて可能となることを強調した。したがって神は受肉において人間が御言葉と出会うように導いている。この出会いは人格的な出会いであって、プラトンのイデアの知的な直観とは本質的に異質である。したがってこの出会いの中では人格的にその存在が変容された霊性の作用が認められる。

このようなオリゲネスの優れた学説も当時はその正統性について疑問視され、魂の先在説・キリストの父への従属説・万物の救い・身体観などが異端とみなされた。たしかに彼を通してキリスト教のギリシア化はいっそう徹底されたとしても、キリスト教の宣教の実質は守りぬかれており、彼は豊かな霊性思想をもってヘレニズム世界に積極的に語りかけていった。

2　ニュッサのグレゴリオス

このようなオリゲネスの思想は後代の神学者たち、とくにカッパドキアの神学者（バシレイオス、ニュッサのグレゴリウス、ナジアンスのグレゴリオス）に及ぼした影響はきわめて大きかった。ここではニュッサのグレゴリオス（Gregorios Nyssenus, c.330~394）の霊性思想だけを検討してみたい。彼はオリゲネスの思想をよく理解した上で霊性思想を展開させたが、生まれつきの形而上学的な精神とともに鋭敏な感性と体系的な思考力とを兼備していた。彼はフィロン（Philon Alexandrinus, c.20/30~c.40/45）やオリゲネスの導きにしたがって自己の思想を形成しながらも独自な用語でもってそれを巧みに表現する。

『雅歌講話』における霊性　グレゴリオスはオリゲネスによって影響を受けたが、彼自身も『雅歌講話』に着手し、先に考察したオリゲネスの霊性思想をさらに深めている。オリゲネスが霊性を魂の霊的感覚において把握したのに対し、グレゴリオスは「偉大なるモーセに対する神の顕現（epiphaneia）は、光とともに始まり、神は雲を通して語りかけたが、その後彼が高められ完成に至ると、彼は闇の中に神を見た」とあるように、「光」・「雲」・「闇」という三段階を通して霊的な経験が深化していく過程を解明した。[11] そこには永遠者の現存の感覚が次のように語られた。

ところで今や花嫁は神的な夜に取り囲まれている。そこでは花婿は近くまで来ているが、姿は現さない。というのも、どうして見えないものが夜に姿を現すであろうか。花婿は霊魂に対して自分の現存（パルウシア）を気づかせてはいるが、その不可視な本性によって隠されているので、明白に理解されることはない。それでは、その夜に霊魂に起こる奥義の伝授とは何か。……真理はわれわれの本性の外に立っている。……あなたは真理に近づいて、闇を一切の壁で隔てられないほど、まさしくその近い人に成らなければならない。[12]

この神の現存を捉える感覚は、オリゲネスがその概念を導入した霊的な諸感覚のもっとも内奥の作用とみなすことができる。それはグレゴリオスにとっては、肉体的感覚の減退につれて発達するものである。こうして魂の眼は「叡知的な光」を見るが、この『雅歌講話』においても『モーセの生涯』（そこでは「輝く闇」と呼ばれた）と同様に、この「光」は逆説的に「闇」と呼ばれる。

偉大なるモーセに対して神の顕現は光によって始まった。その後、雲を通して神はモーセに語った。さらにモーセがより高くより完全になると、彼は暗闇の中で神を見るのであった。以上からわれわれが学ぶのは次のことである。まず、神に関する偽りの誤った観念からの最初の撤退は、闇から光に移し置かれることである。次に、隠されたことをより直接に理解することとは、現れてくるものを通して霊魂を神の不可視の本性に向けて導くことである。その理解は一方では、現れてくるものすべてに影を投げかけ、他方では、さらに隠れたものを見つめるように霊魂を導き慣らす雲に譬えられている。以上の過程で霊魂は上方へ歩んでいき、人間の本性にとって到達可能なことを放棄してしまうと、神認識の聖域に立ち至り、神的な暗闇によって四方から取り囲まれるのである(13)。

グレゴリオスはこの『雅歌講話』の中で魂のうちに御言葉が内住するための場所をさまざまな仕方で述べている。たとえば「心」（カルディア）、「魂を導く部分」（ヘゲモニコン）、「良心」（シュンエイデーシス）などの精神の深みが用いられた。彼は魂のもっとも内側の部分を表現するに適切な用語を捜しており、タウラー（Johannes Tauler, c. 1300~1361）の神秘主義的な術語「魂の根底」（Seelengrund）に当たる場所的な表現を求めた。[14] さらに彼は霊性の機能についても模索し、「人間の本性が二つの本性にまたがり、一つは非物体的で知性的であり、他方は物体的で非理性的である」とみなし、さらに推論する機能をもつ理性は神を捉えることができないが、「心」は驚嘆と興奮をもって御言葉の現存を感得するという。[15] こうして彼はオリゲネスに見られるプラトン主義的な主知主義の残滓《ざんし》を払拭しており、「人間は心によって神に応答する」と語る聖書の用語を用いることによって理性の光によっては達しがたい場所で神を認識しようとする。それは無知の暗闇のなかで神を感知しようとする霊性の感得作用であって、霊性こそ感覚と理性を超越しながら神の現存を捉える。ここには伝統的な感性・理性・霊性の人間学的な三分法が認められ、それがグレゴリウスの根本思想である「エペクタシス」（前に身を乗り出すこと）という教説を基礎づけている。

この根本思想を彼はパウロの言葉（フィリ3・13）を暗示して、雅歌講解でも明瞭に「エペクタシス」と呼ぶ。

このような限定から自由な、思惟的で非質料的なものは、何ものによっても制限されないので、限界を超えているわけである。ところで思惟的本性をもつものは、さらに二通りに分類される。その一方は、非被造的で万有の創造主である。彼は常にその在るところのもので在り、自己同一を保ち、あらゆる増大と減少を超越し、また新たに善を受容することもない。その他方は、創造によって生成し、たえず万有の第一原因を眺め遣り、常に自らを包括するものにあずかることによって善の内に保たれている。そして善において増大することを通じて高次の善に変容しながら、なんらかの仕方で不断に創造されている。……このようなわけで、すでに実現した完全性さえ、自分の前にある高次の完全性へのエペクタシスによって忘れ去られていく、という使徒パウロの言葉（フィリ3・13）が正しいことがわかる。なぜなら、たえずいっそう大きく卓越して現前する善きものは、そこにあずかる者の注意・志向を自分に引きつけ、低次の善を忘れさせ、より高次の善を享受させることによって、彼らに自分の過去を振り返らせないからである(16)」。

こうして神に向かう上昇過程は、感性から理性に到達する時点で方向転換を起こし、魂が霊性によって次第に暗闇の深淵に入っていき、忘我を伴いながら「神のうちに引き込まれていく」神秘的経験となる(17)。「あなたは真理に近づいて、闇を一切の壁で隔てられないほど、まさしくその近い人にならねばならない」[18]。これが神化であり、神秘的な合一である。

3　アウグスティヌスの神秘思想

アウグスティヌス（Aurelius Augustinus, 354~430）は神秘主義者であるか否かについて意見は様々であるが、彼が好んで用いた「神の観照」、「神の直観」、「神の享受」という言葉によって、通常の観想以上のものが表現されていることは確実である。初期の『魂の偉大』には神の観照に向かう七段階が述べられている。すなわち、①生命現象、②感覚、③学術、④徳、⑤静寂、⑥接近、⑦観照が区別され、魂は観照に向かって超越すべきことが説かれる。彼自身の神秘的経験は『告白録』第七巻でプロティノス（Plotinus, c.250~270）の書物を読んだときの出来事として叙述されている。

彼はキケロ（Marcus Tullius Cicero, 106~43BC）の書物によって哲学に目覚めたが、それによって感性と理性による「内心の分裂」がその後の経験から次第に深められて、幾多の冒険的な試み・挫折・絶望などの紆余曲折を経て徐々に経験と思索を深めていった。そこで次に彼の生涯に決定的な転換を与えたミラノでの神秘的な経験について考えてみよう。

アウグスティヌスはミラノの新プラトン主義者たちと親しく交際するようになり、[19]その哲学によって彼の心をそれまでいたく苦しめてきた問題、とくにマニ教の影響から来た唯物論的な神観と悪の起源の問題を理論的に解決した。プラトン主義によると神は純粋な霊であり、すべての存在の根源であるから、マニ教が説く神に対抗する存在である悪は、実は、存在の欠如にすぎない。これによって神の存在と悪の問題の理論的な解決がえられた。彼は新プラトン哲学の指導を受けて神の神秘的な体験にまで進んでいった。実際、知恵への愛としての哲学が理性の立場に立つ限り、プラトンからプロティノスにいたる歴史が示しているように、その究極するところは神秘的脱自であるといえよう。

そこでわたしは、それらの書物から自己自身に立ち返るように勧められ、あなたに導かれながら、心の内奥に入っていきました。それができたのは、あなたが助け主になってくださったからです。わたしはそこに入ってゆき、何かしら魂の目のようなものによって、まさにその魂の目を超えたところ、すなわち精神を超えたところに、不変の光を見ました。[20]

しかし、この神秘的な脱自体験は哲学的な思索の頂点であっても、この体験が一時的で瞬間に終息した点とそれによって神と人との絶対的な距離と断絶が痛烈に感得され、彼は絶望状態に転落した。したがって神を知ることが同時に神と人間との絶対的な懸絶《けんぜつ》（著しい隔たりがあること。）の自覚となる二重の啓示によって、哲学から信仰への思想における大転換が引き起こされた。(21)

彼は新プラトン主義のもとで万物の究極的実在者である一者なる霊的な神に「一瞬の瞥見《べっけん》」によって触れることができた。こうして知恵への愛は真理の探求をめざしその究極の目的に達した。だが、それは一瞬の出来事に過ぎず、直ちに日常的習慣の世界に転落し、そのことによって新たに救済を渇望するようになった。(22)

一般的に言って、キリスト教の時代に入ると、神への愛と現世への愛が衝突し、激しい内心の分裂が経験された。パウロのローマ書第七章後半の「悩める人」がその典型である。アウグスティヌスもパウロと同じ経験をし、『告白録』第七巻で「内心の分裂」を体験しており、二つの愛は互いに攻め合い、心を引き裂く状況として語られる。(23) この内心の分裂は「それは全くわたし自身のわたし自身に対する争闘であった」(24)と彼は言う。このような内心の分裂こそキリスト教的な霊性思想に至る重要な契機となった。一瞬の瞥見によって神に触れたが、神の認識が一瞬のことであり、それに長く耐えられないことから人間存在の有限性とそこから生じうる罪とが自覚されている。したがって神と魂との「神秘的合一」ということはこの経験の中に入ってこない。むしろ神と人との異質性が認識され、この断絶を克服する「道」がキリスト（神の言《ことば》）において示される。こうして「神の観照」は将来の究極目標にされ、現在は愛を潔め、意志を強化する恩恵の下での生活が説かれる。ここから「キリストとの愛の交わり」に加わることが力説されるようになった。たとえば『ヨハネ福音書講解』で次のように語っている。「キリストを信じるとは何か。それは信じながら愛し、信じながら敬愛し、信じながら主キリストのうちに入り、そのからだに合体されることである」[25]。このからだというのは神秘的なからだとしての教会を指す。ここにキリストと信徒の魂、キリストと教会との関係が信仰による神秘的合一として捉えられ、「人なるキリストから神なるキリストへ」と向かう超越となる。こうして「この人なるキリストから神なるキリストへというアウグスティヌスの命題は、高く聳える灯台のごとく全世紀にわたるキリスト神秘主義に目的への正しい道を示している」[26]（グラープマン）。

このようにアウグスティヌスの神秘主義は神―神秘主義からキリスト―神秘主義へ、思惟―神秘主義から信仰―神秘主義へ中心を移しながら、後者を経て前者の実現を将来において目指す希望の神秘主義となっている。

4　ディオニュシオス・アレオパギテースの神秘思想

ディオニュシオス・アレオパギテース（Dionysius Areopagita, c.500）の神秘神学はアウグスティヌスと並んで中世神秘主義の二大源泉となった。したがって、彼らは中世において発展したラテン的神秘主義とドイツ神秘主義との双方に対して影響を与えた。(27)ディオニュシオスはその著作の冒頭で「祭司ディオニュシオス」と名乗り、自分のことをパウロがアテナイで説教したときに回心した「アレオパゴスの裁判官ディオニュシオス」であると自称した。そのため中世では使徒時代の人であると信じられており、近代の初頭にロレンゾ・ヴァッラ（Lorenzo Valla, 1407~1457）とエラスムス（Desiderius Erasmus Roterodamus, 1466~1536）とがそれに疑念を抱くまではそのように考えられていた。ところが『神名論』、『神秘神学』、『教会位階論』を著している著者の本当の姿は、今日にいたるまで依然として不明のままである。彼の思想は、内容的に見ると、著しく新プラトン主義的であり、ニュッサのグレゴリオスの影響を明らかに受けており、その著作が六世紀に書かれたことが判明して以来、一般には「偽（Pseudo-）ディオニュシウス」と呼ばれるようになった。彼の思想は聖証者マクシモスに受け継がれ、その『神秘神学』はスコトゥス・エリウゲナ（Johannes Scotus Eriugena, c.810~c.877）の手になるラテン語訳で九世紀には広く知られるようになり、トマス・アクィナス（Thomas Aquinas, 1225~1274）を初め多くのスコラ学者たちによって注釈が書かれるようになった。また神性が天界から流れ下るという彼の新プラトン主義的な発想が中世の階層秩序の頂点に立つ教皇によって注目された。そこで、先ず、彼の神秘神学の特質を一般的傾向にしたがって「否定神学」として考察してみよう。

彼の神秘主義の特質はその「否定神学」に求めることができる。彼は『天上位階論』の中で被造的世界を天上の位階、教会の位階、律法の位階の三階層に区別した。この中で律法の位階から教会の位階への上昇は「浄化」、教会の位階から天上の位階への上昇は「照明」、天上の位階から神性の根源への上昇は「完成」として意味づけられた。このような浄化・照明・完成の三者は魂の「神化」の段階的過程を構成する。その最後の段階を論じているのが『神秘神学』である。[28]彼が力説して止まないのは、神が人間の理性を超えた存在であるということである。したがって神は、人間の「自然的な光」である理性には達しがたい「光を超える闇」として、隠れており、わたしたちは神については沈黙するか、または「否定的」にしか語ることができない。この「闇」は決して光の不在や欠如を言うのではなく、あらゆる意味での光と闇を超えたものである。したがって、それは知性的な光に優るものである。このような神との合一に関して『神秘神学』の中で次のように語られる。

私はこのように祈ろう。愛するティモテよ、あなたが神秘的観照について真剣な努力を払い、感覚と知性的活動の一切から離れ去るように。そして感覚が感じ知性が悟った一切のもの、在るものと在らざるもののすべてを捨ててしまいなさい。そして可能な限り、存在と知識をすべて越えたものとの合一に向かって知を捨てた不知の形で高められるように。なぜならあなたは自分自身を含むすべてのものから、絶対的に完全・純粋に離脱することによって、すべてを捨てすべてから解放され、存在を越えた神の闇の光輝にまで高められるであろうから。[29]

神が感覚や知性を越えた隠れた存在であることを彼よりも強調した中世の思想家はいない。もちろん聖書の啓示によって神は知られる。聖書にもとづいて神が唯一であり、三位一体、宇宙の原因、全知全能、公正で慈しみに富んでいることなどが啓示される。これが肯定の道である。この方法は主として『神学概論』において展開され、さらに「『神名論』においては、神がいかなる意味で善と名付けられるのか、またいかなる意味で存在・生命・知恵・力その他知性的名称によって名付けられるかを考察した[30]」と言われる。ところが注目すべきことは、啓示の只中にも神が隠れており、測りがたい本性によって近づきがたい荘厳のうちにいると告げられる点であり、これによって「否定神学」が導き出される。そして神性の絶対的超越性が次のように強調される。

ところでもし神性原理が、すべてのロゴスと知識に優り、知性と存在とを完全に越えたところに位置するとすれば、……それはある限りのすべてのものから、遥かに優越した形で隔絶している。……神のことはそれがどのようなものであれ、自らの原理と根拠に即してみる限り、知性とすべての存在と認識とを越えたものである。……この秘められたもの自体には、知性の活動をすべて放棄することによって初めて精神をそこに向けることができる。神化の力・生命・存在のどれをとってみても、その完全な卓越性によって万物からかけはなれている原因に、正確に類似しているものは決して存在しない。(31)

それゆえに神については否定的にのみ語られざるを得なくなる。これが彼の否定神学であり、「存在を越えた神は呼び求められることなく、名を越えたものとして示され」、神名の叙述のすべてを否定していき、無知と沈黙のうちに、語りえない、名のない存在に接近し、「すべての知性的活動を休止させることによって、神化された精神は神を越えた光に合一し得る」(32)と説かれた。このような神観は被造物から絶対的懸絶《けんぜつ》を保っている荘厳なる存在であり、神秘的直観によって接近できても、把握することは困難である。(33)しかしその思想は中世の神秘主義に流入し、神秘主義的な霊性を形成するに多大な影響を与えた。

注

（1）教義史家ハルナックはこの潮流を「福音のギリシア化」として指摘し、これにより福音の本質がおおわれるものと考えた。これに対しティリッヒは「聖書宗教の基礎に立つ存在問題の採用」がなされたものとして積極的な評価をこれに与えている。このように解釈は相違していても、キリスト教がギリシアの古典文化と出会うことによって一つの新しい展開をみた事実は明白である。

（2）二世紀にはアリステイデス、エスティノス、タティアノス、アテナゴラス、テオフィロスが、三世紀にはテルトゥリアヌス、エイレナイオス、クレメンス、オリゲネスが、四世紀にはクリュソストモス、ラクタンティウス、エウセビオス、アタナシオス、アンブロシウスが、そして五世紀にはアウグスティヌスが弁証家として活躍した。

（3）その要点をあげると次のようである。①世界はグノーシス主義者が説くように超越界からの堕落によって成立した悪しき存在ではなく、創造神の意志による「無から創造」された被造物である。②霊的なキリストは魂を有する身体で現われたが、受難したのはその全体ではない魂的な身体にすぎないというグノーシス説に対し、エイレナイオスは創造と救済とを神のわざとして救済史的に統合し、史的イエスと救い主キリストを同一なものとみなし、歴史は創造・堕罪・救済・

完成を通して神の目的を実現すると説いた。また③キリストのわざはサタンの力により人間が罪を犯して失った神の像（エイコン）と類似（ホモイオシス）を回復するため、人間をサタンの支配から贖い出した。

（4）アンモニオス・サッカスはギリシア哲学では初めて、人間を生来身体の中にある霊として捉え、物質と悪とを同一視しがちなピュタゴラスやプラトンの思想を打破し、また霊が罪を犯すか否かは意志によると説いて、神の摂理を運命と考え、自由の否定に至る、ストア主義の宿命論を打破した。

（5）「彼を介して聖なる教えに近づく者が〔あまりにも〕多かった。それは、実際の彼の行為には、真の哲学から生ずる正しい行動が実に驚くほど見出されたからである。人びとが言うように、彼は〈まことにその言葉は生き方そのものだった。その生き方は言葉そのものだった〉ことを示した」（エウセビオス『教会史』VI巻、秦剛平訳、山本書店、2、156頁）。

（6）比喩的解釈を推し進めるためにオリゲネスが用いた方法は、アレクサンドリアのフィロンと共通のものが多く、フィロンの方法と同様に一定量の技巧を含んでいる。この技巧は疑いもなく通俗化されたプラトン的宇宙論からオリゲネスの思考に入ってきたものであり、それはフィロンも同じであった。目に見える世界は単なる映像であり、それは目に見えない真実についての象徴である限りにおいてしか関心に値しないというのが最も重要な点である（ルイ・ブイエー『キリスト教神秘思想史』1、「教父と東方の霊性」大森正樹他訳、平凡社、193頁）。

(7) オリゲネスの神秘的霊性に関してはラウス『キリスト教神秘思想の源流』水落健治訳、教文館、101—134頁参照。
(8) カール・ラーナーは、霊的五感の説がオリゲネスに始まることを論じ、霊的五感の説に対する聖書的根拠を、箴言2章5節の「あなたは……神を感覚することができるようになる」、およびヘブライ人への手紙5章14節の「善悪を見わける感覚を実際に働かせて訓練された成人」に言及した箇所に見出し、この善悪の識別が身体的感覚によっては不可能であると言う（ラウス、前掲訳書122頁参照）。
(9) バルタザールは霊的感覚について次のように言う。「無限の微妙さと精緻さにまで発育・進歩させることが可能な能力であり、個々の状況において何が神の意志であるのかを正確に魂に伝える所にまで進歩させることが可能なものである」（ラウス、前掲訳書124頁からの引用）と。
(10) オリゲネス『雅歌注解』第2巻、9、小高毅訳、創文社、167頁以下。
(11) グレゴリオス『雅歌講話』第11巻、大森正樹他訳、新生社、263頁。
(12) グレゴリオス、前掲訳書264—265頁。
(13) グレゴリオス、前掲訳書322—323頁。
(14) 金子晴勇『ヨーロッパ人間学の歴史』第2部、第5章、第2節参照。
(15) グレゴリオス、前掲訳書270—271頁。
(16) グレゴリオス、前掲訳書。

(17) この忘我状態について語るときのグレゴリオスの言葉は、大抵の場合比喩的である。つまり、グレゴリオスの語る意味は「魂は絶えず自己の外に引き出されるが、それは魂が絶えず一層深い神の知を慕い求め続けるという意味においてにほかならない」ということなのである（ラウス前掲訳書、163頁）。

(18) グレゴリオス、前掲訳書325頁。

(19) 恐らく当時ウィクトリヌスによりラテン語に訳されたプロティノスの『エネアデス』と二、三のプラトンの対話編などを読んだと推定される。

(20) アウグスティヌス『告白録』Ⅶ、10、16。

(21) 新プラトン主義の哲学は、理性の霊的純化を強調する観念的一元論であるので、その必然的傍系として感性の浄化ではなくその滅却を倫理的目標としていた。したがって、この哲学の強い影響のもとにあったアウグスティヌスの回心は感性にたいする断乎たる否定の遂行として生ぜざるを得なかった。このことは回心の動機となった聖書の言葉「宴楽と泥酔、淫乱と好色、争いとねたみを捨てよ。あなたがたは、主イエス・キリストを着なさい。肉の欲を満たすことに心を向けてはならない」（ロマ13・13―14）が何よりも明らかに物語っている。

(22) それゆえに彼は言う、「そしてわたしは、もはやそれよりも確実な認識をあなたについて求めず、ただ恒常的にあなたの中にながらえることのみを願った」（『告白録』Ⅶ、1、1）と。

(23) アウグスティヌス、前掲書、Ⅶ、17、23、同Ⅷ、5、10参照。

（24）アウグスティヌス、前掲書、11、27。
（25）アウグスティヌス『ヨハネ福音書講解』29、6。
（26）M. Grabmann, Augustins Lehre von Glauben und Wissen und ihr Einfluss auf das mittelalterliche Denken, in: Aurelius Augustins, hrsg. M. Grabmann und J. Mausbach, 1930,S. 93.
（27）中世神秘主義の類型と区別については金子晴勇『ルターとドイツ神秘主義』創文社、31―36頁参照。
（28）今義博、ディオニュシオス・アレオパギテース『神秘神学』の「解説」『中世思想原典集成3』平凡社、440―441頁。
（29）ディオニシウス『神秘神学』第1章第1節、熊田陽一郎訳「キリスト教神秘主義著作集」第1巻（教文館）265頁。
（30）ディオニュシウス、前掲訳書、第3章、同訳書268―269頁。
（31）ディオニシウス『神名論』§20・23・55―56、熊田陽一郎訳、145―48頁。
（32）ディオニュシオス、前掲訳書 §21・23 145―146頁。
（33）ディオニュシオスの諸著作の思想が新プラトン主義であるか、あるいはキリスト教であるかについては今日でも意見が分かれている。イヴァンカ（Ivanka）はキリスト教に矛盾した要素は少ないと言い、ゼンメルロート（Semmelroth）は矛盾した要素が多いと言い、ロケ（Roquès）はこの両者の中間の意見をとる。またこの著者に対する評価についても一様でない。ある人は優れた一流の思想家であると言い、他の人は独創性に乏しいと言う。ジルソン、ジョゼフ・ベルンハルト、H・F・ミュラーなどは後者の意見をとる（高橋亘『西洋神秘思想の源流』創文社、153頁参照）。ところで、この思想は後年ルターが経験した神「絶対的な神・神自身・荘厳なる神」（Deus absolutus, Deus ipse, maiestas divinae）と類似している。それゆえディオニュシオスの神秘神学は彼によって一時的に受容されたが、ルターがこの神を生ける実在として全存在をもって実存的に感得していたのに対し、ディオニュシオスは神を理論的に探求し、かつ考察した。それゆえルターはこの神秘神学を思弁的であると解釈し、拒否するようになった。

［談話室］　受肉の神学と神化の思想

実際、近代人は一般に自己認識から出発していって罪を自覚し、神の子の贖罪を受容することによって救いを体験した。これに対しパウロはダマスコ途上にてキリストを啓示され、キリスト認識が新たに拓けることによって救いを体験したのであった。それに対しアウグスティヌスになると古代社会の人たちと同様に受肉を客観的に捉えているが、同時にその前での自己認識の必要を説くようになった。こうして救いを受容する主体の側の問題は中世を通して次第に成熟し、近代に至っていると言えよう。

事実、受肉の神学はキリスト教古代の中心的な思想として確立された。この時代を風靡していたプラトン哲学は精神と身体の二元論に立って、キリスト教の受肉に対して否定的な態度を採るばかりか、それを嘲笑さえしたものだった。アレイオス主義（アリウス主義）も唯一神論に立って受肉を否定していた。これに対決したアタナシオスは受肉を力説し、「人間が神になることができるように、神が人間となられたのである」と宣言した。つまり受肉によって人間が神に向かう「神化」の道が与えられたとまで説かれた。この「神化」思想は14世紀のドイツ神秘主義に属する『ドイツ神学』の著者によって受容され、「神は人となった。そして人が神となった」と主張された。われらのアウグスティヌスはこれと同じ思想を穏やかに次のように説いている。「兄弟たち。こうして神は人の子となろうとなさり、人は神の子となろうと願った。キリストはわたしたちのために〔地に〕降られ、わたしたちはキリストのゆえに〔天に〕昇るのである[1]」と。

注

（1）アウグスティヌス『ヨハネ福音書講解説教』12・8 水落健治訳、教文館、1993年。

10　キリスト教と古典文化

1　キリスト教のヘレニズム化

二世紀の中葉からキリスト教とヘレニズム文化との交流がいっそう進展していって、やがて両者の対決が不可避的になってきた。この交流はすでに原始キリスト教会からはじまり、ギリシア語を語るヘレニストのユダヤ人のなかでキリスト教を信じた者たちがエルサレムを去ってアンテオケに異邦人教会を設立し、使徒パウロがこれを指導したのであった。パウロが旧来のユダヤ主義に依然として立つキリスト教徒をしりぞけて以来、キリスト教とヘレニズム文化の交流は使徒後教父に見られるように次第に深まり、教会の主流を形成するようになっていった。教義史家ハルナック（Karl Gustav Adolf Harnack, 1851~1930）はこの潮流を「福音のギリシア化」として指摘し、これにより福音の本質がおおわれるものと考えた。これに対しティリッヒ(Paul Johannes Tillich,

1886〜1965）は「聖書宗教の基礎に立つ存在問題の採用」がなされたものとして積極的な評価をこれに与えたのであった。このように解釈は相違していても、キリスト教がギリシアの古典文化と出会うことによって一つの新しい歴史的な展開をみた事実は明白である。

二世紀の後半にはヘレニズム時代の宗教思想であったグノーシス（霊知）によりキリスト教を解釈したグノーシス主義があらわれ、サトルニノス、カルポクラテス、バシレイデス、ヴァレンティヌス、およびマルキオンが勢力をもつようになった（207頁参照）。これらの異端分派との対決という形でキリスト教思想史は新たな段階を迎えるにいたった。これに加えてローマ帝国によるキリスト教の弾圧と迫害がいちだんと強化されるようになった。この弾圧に対しキリスト教の真理を弁護し、道徳生活の健全性を弁明し、かつ異端を論駁する護教家が多数登場する。彼らは弁証家（アポロゲーテン）と呼ばれている。二世紀にはアリスティデス、ユスティノス、タティアノス、アテナゴラス、テオフィロスが、三世紀にはテルトゥリアヌス、エイレナイオス、クレメンス、オリゲネスが、四世紀にはクリュソストモス、ラクタンティウス、エウセビオス、アタナシオス、アンブロシウスが、そして五世紀にはアウグスティヌスが弁証家として活躍した。ここでは二、三の代表者について短く言及するにとどめたい。

（1）ユスティノス

二世紀にも多くの弁証家が排出したが、その代表は殉教者ユスティノス（Justin Martyr, c.100~c.165）である。

彼は前章でも言及されたようにパレスティナに生まれ、ギリシア哲学の影響を受け、とりわけプラトンのイデアの直観に至ろうとした。だが、神秘的直観のほかに啓示による方法のあるのを知ってキリスト教に入信し、その後ローマでキリスト教を講じ、マルクス・アウレリウス帝の治下一六五年頃迫害を受けて殉教した。『弁証論』と『トリュフォンとの対話』を彼は著した。また彼は一生のあいだ「哲学者の衣」をぬぎ捨てなかったことに示されているように、キリスト教こそ真の哲学、「安全で有益な哲学」であると説いた。こうしてギリシア哲学はキリストにいたる準備段階とみなされたが、それは人間のうちにロゴスが種子として宿っているからである、とストア派の「種子的ロゴス」説を用いて彼は説いた。したがってギリシア哲学はロゴスに立っていても不完全であり、キリスト教こそその完全なる実現であるから、キリスト教を迫害することは不当である。これが彼のキリスト教弁証論の展開であり、プラトン哲学によってキリスト教を哲学的に基礎づけ、キリスト教をヘレニズム化する試みであるといえよう。と同時にユスティノスは聖書によっても救い主キリストは旧約聖書によって預言されていた神の子であり、聖書によりキリストの真実性は証明されると主張した。その結果、弁証論では、（1）キリスト教は最も古い宗教であり、預言と実現により歴史的に保証されている。（2）それはロゴスの実現として最も理性的な宗教である。（3）平和で従順な市民としてキリスト教徒は国家に反逆など決して企てない、との主張が表明された。ユスティノスはギリシア的世界観に立ってキリスト教を弁証しようとしたため、ヘレニズム文化圏の人々によっては理解されなかった「メシア」の代りに「ロゴス」概念が採用され、これがメシアと同一視されることが起こった。こうして知性的世界と感性的世界との分離を前提とした上で、知性的世界の原理たるロゴスの「受肉」ということが説かれはじめられたのである。ヨハネ福音書で用いられた「言《ロゴス》」は神の力を意味し、非哲学的意味で考えられていたのに、プラトン主義者がキリスト教に回心することにより、キリストとしてのイエスがロゴスの受肉とみなされるようになった。ハルナックはこの点を『キリスト教の本質』のなかで次のように判断している。「ロゴスをキリストと同一視したことは、ギリシア哲学と使徒的遺産とを融合する決定点となり、ギリシアの思想家たちを使徒の信仰に連れてきた。わたしたちの多くにとってはこの同一視は受け入れがたい。なぜなら〔ギリシア〕世界と倫理とに関する思考はわたしたちを決して実在するロゴスに導かないからである。この形式は当時の人々の興味を吸収し、福音の単純さから人々の心を分離させ、福音をさらに著しく宗教哲学に変えた」（『基督教の本質』山谷省吾訳、岩波文庫、204頁）。しかし、弁証家たちの哲学は、グノーシス主義と相違して、キリスト教の基本信条を哲学によって弁明しようとしたものであり、グノーシス主義や異端に対する論駁が次の世紀では展開していき、正統的な神学の形成に向かうのである。

（2）エイレナイオスの正統的神学

三世紀の護教家のなかでエイレナイオス（Irenaeus, c.130~c.200）が正統的神学の形成に大きな役割を果たした。彼は小アジアのスミルナ出身で、後にガリア地方リヨンの長老から監督になった人で、ヴァレンティノス派のグノーシス説を批判した『異端論駁』全五巻をあらわし、カトリック教会の伝統的教義の基礎を定めた。その要点をあげると次のようである。

（1）世界はグノーシス主義者が説くように超越界からの堕落によって成立した悪しき存在ではなく、創造神の意志による「無から創造」された被造物である。彼はユスティノスがプラトン的に既存の質料からの世界創造を説いたのに反対し、ヘブライ的キリスト教的な創造信仰を説いた。

（2）霊的キリストは生魂的（魂をもっている）体で現われたが、受難したのは霊的ではない生魂的なキリストにすぎないというグノーシス説に対し、彼は創造と救済とを神のわざとして救済史的に統合し、史的イエスと救い主キリストを同一なものとみなす。つまり歴史は創造・堕罪・救済・完成をとおして神の目的を実現すると説いた。また、

（3）キリストのわざはサタンの力により人間が罪を犯して失った神の像（エイコン）と相似（ホモイオシス）を回復するため、人間をサタンの支配から贖いだした。ここに古典的贖罪論（アウレンの説）が成立する。さらに、

（4）人間は自由意志を与えられ、律法を守ることによって永遠の生命を報われ、守らないと罰せられる。アダムが神の戒めに不従順であったが、キリストは神への従順の模範であり、その血によって人間を贖った。キリストによって人間は神に従順になり、神に向かって進みうると教えた。

（3）クレメンスの『ストロマティース』

三世紀の弁証家のうちキリスト教と哲学との総合を志したのは、古代末期のヘレニズム文化の知的中心地アレクサンドリアで活躍したクレメンス（Titus Flavius Clemens, c.150~c.215）とオリゲネス（Origenes Adamantius, c.185~c.254）であった。彼らはキリスト教の弁証論から進んでキリスト教神学の体系を生みだした。その著作『ストロマティース』でクレメンスはキリスト教の信仰を理

解するためにギリシア哲学が必要であることを説いた。

わたしたちの主《しゅ》がギリシア人を招く以前に哲学は彼らに直接与えられたかも知れない。それは律法がヘブライ人にキリストのための予備教育を授けたように、ギリシア人に予備教育を施したのであった。だから哲学はキリストにより完成される人たちのために道を開く準備であった。

したがってプラトンは神の霊感を受けていたが、それでも聖書と同じ意味で啓示を受けたのではなく、モーセの哲学の方がそれに優っている。しかし、哲学は単なる準備にすぎないものではなく、信仰内容の理解に不可欠であるから、信仰（ピスティス）に加えて知識（グノーシス）が必要である。もちろん啓示信仰からその知識に進むのであって、グノーシス主義のように信仰を排除するのは誤りである。このようにキリスト教的グノーシスを神学大系にまで発展させたのがオリゲネスの『原理論』である。

（4）オリゲネスの『原理論』

オリゲネスは『原理論』において神・世界・人間について多くの意見を参照しながら聖書を解釈し、信仰の思索を学問的に展開した。またマルキオンのグノーシス的見解、つまり新約聖書におけるイエスの父なる神と旧約聖書の創造神とを区別する見解、プラトン主義的哲学説、聖書の擬人法的表現の字義通りの理解などに対する批判を展開した。とりわけ聖書解釈法についての反省が繰り返し行なわれ、人間学的三区分法、身体・魂・霊にもとづく聖書の三重の意義が文字的・道徳的・霊的なものに区分され、霊的意義をとらえるためにはアレゴリカルな方法が採用されねばならないと説いて、聖書解釈学の創始者となった。次に神・世界・人間についての彼の学説の要点をあげておきたい。

（1）オリゲネスは神の非物体性を論証しようとし、「神は霊である」と語る福音書の意味を探求している。そして「すべての知的存在、すなわち非物体的存在の中で、最も名状し難く、最も計り難く卓越している者こそ神である」（小高毅訳以下同じ）。神はまた「純一な知的存在、モナス（一）であり、いわばヘナス（単一性）であり、精神であり、あらゆる知的存在即ち精神の始原であるところの源泉である」と規定される。この源泉は「善をなす力、創造する力であって、一瞬たりとも無為であったことがあると考えるのは条理を逸したことであり、不敬なことでもある」。

（2）オリゲネスはその学友プロティノスが神なる一者からの世界の流出を考えたのに対し、神の世界創造を説き、始原における創造は理性的被造物、つまり精神（ヌース）の創造であって、精神は自発性をもち、自由意志によって神に近づくことも離反することもできる。また「そこでの知的存在者たちの種々様々な堕落が、この種々多様な世を創造するよう神を促したのである」。したがって物体的世界は堕落した精神の修練の場として造られたのである。さて神の創造において神から生まれた知恵は「将来の被造物の可能態と形態のすべて」を秩序として所有しているが、この知恵のうちなる神秘と秘密とを開示する働きがロゴス（言）と呼ばれる。このロゴスは人間を罪と死の力から解放するため救い主となられた。「神のロゴス、神の知恵が（道）となられた」。神はこのロゴスにおいて被造世界に関与するため、ロゴスは被造物ではないが、神に従属する。元来それは神と同質（ホモウシオス）であるが、世界への媒介性のゆえに神に対し従位に立つ。

（3）人間の創造されたときの本性について次のように言われる。「人間は最初に創造されたときに、像としての身分を与えられたが、似姿という完全さは世の完成の時まで留保されている。つまり人間は〔神の似姿を〕自己の精励なる熱意をもって、神を模倣することで獲得すべきである。すなわち、像としての身分を与えられたことで始めから完全になることの可能性が人間に与えられているが、人間は終わりの時になって初めて、わざを遂行することによって、完全な似姿を自ら仕上げるべきである」と。しかし、自由意志により自己の使命から堕落したため、人間は天使とサタンとの中間に位置している。だからキリストに学んで、完全なロゴスの認識へ進み、死すべき身体も「霊的身体」となり、天にのぼりゆくことによって「永遠の福音」は完成する。

このようなオリゲネスの優れた学説も当時はその正統性について疑問視され、魂の先在説、キリストの父への従属説、万物の救い、身体観などが異端とみなされたのであった。しかし彼は新プラトン主義の開祖アンモニオス・サッカス（Ammonius Saccas, 175~242）の教えを受け、豊かなギリシア哲学の教養をもってキリスト教の教義を哲学的に解明した功績は高く評価されなければならない。たしかにキリスト教のヘレニズム化はいっそう徹底されてはいるが、イエスがキリストであるという宣教の実質はヘレニズムの世界観をもってしても守りぬかれており、こういう形でヘレニズム世界にキリスト教は積極的に語りかけていった。わたしたちはここにキリスト教思想史の最初の偉大な成果を見ることができる。

2　ローマ帝国とキリスト教

ローマ帝国とキリスト教の関係は世界史的にみると決定的な意義をもつものであり、その開始はパウロの世界伝道の計画にみられ、ネロからディオクレティアヌスにいたる二百数十年におよぶ迫害の歴史を経てコンスタンティヌスとリキニウス連名のミラノの寛容令にいたり、キリスト教はローマ帝国公認の宗教となったのである。この間の歴史について詳しく述べることは思想史の枠を越えるのでひかえたい。しかし、一言述べておきたいことは、キリスト教は元来国家に対し反抗的ではなかったことである。イエスの福音は「神の国」を宣教の中心としていても、イスラエル民族の政治問題に直結していなかったし、「カイザルのものはカイザルに、神のものは神に返しなさい」（マルコ12・17：口語訳）という政教分離は徹底していたといえよう。それにもかかわらず、ローマの大火をキリスト教徒の責任に帰した気紛れなネロの迫害や皇帝の近親や高官までキリスト教信仰のゆえに処罰したドミティアヌス帝の迫害、さらに治安維持のためユリアヌスを殉教せしめたマルクス・アウレリウス賢帝の迫害などが多発し、キリスト教徒を死に追いやるため皇帝崇拝の儀式が強制される場合も多かった。テルトゥリアヌス（Quintus Septimius Florens Tertullianus, c.160~c.220）は言う、「ティベル川が城壁をこえると、ナイル川が畑に氾濫しないと、天が（雨なしに）静止していると、大地が揺れると、飢饉があると、伝染病がはやると、すぐに〈キリスト教徒をライオンの前に〉との声があがる」と。しかし、それにもかかわらずキリスト信徒は増加し続け、教会の基礎は形成されていった。テルトゥリアヌスはこうも言っている。「地上に流された殉教者の血は播かれた種のように新しい芽となって萌え出た」と。このように三世紀中葉から迫害も組織化され、教会自身の絶滅を目的にして大規模に実行されたが、根絶することはついにできず、やがてキリスト教を公認し、その力を借りて帝国の維持を計るような政策の転換がなされたのである。この転換はミラノの寛容令となって現われ、さらにはテオドシウス(Flavius Theodosius, 347~395)による帝国内の異教の禁止にまで発展する。

このようなローマ帝国とキリスト教の関係の上に立ってキリスト教思想史は発展してきたのであるが、この期間のローマ史四〇〇年の歩みを古典文化とキリスト教との統合形式からもう一度考え直してみよう。そのさいローマ文化史を独創的観点からとらえたコックレンの研究を参照してみたい。彼は『キリスト教と古典文化――アウグストゥスからアウグスティヌスに至る思想と活動の研究』(一九三九年、金子晴勇訳、知泉書館、2018)においてローマ史四〇〇年の歩みを三つの類型に分け、かつ三つの基本概念によってその特徴を説明した。第一の類型は「再建」(reconstruction)で示される段階で、「ローマの平和」と呼ばれるアウグストゥスの治世は、ローマがその文化的伝統の源泉たるギリシア古典文化にさかのぼって自己を再建した試みであるとみなされる。ところがこの試みは永続しえず、やがて挫折する。そこで現われてくるのがコンスタンティヌス(Gaius Flavius Valerius Constantinus, 270~337)からテオドシウス(Flavius Theodosius,

347~395）にいたるキリスト教皇帝の時代である。これが第二の類型の時代であり、彼はこの時代の特徴を、ローマの文化的土台とは異質な、別の原理であるキリスト教を借りてきて、それまでの古いローマ的生活様式を「修復」（renovation）した点にとらえた。これでは土台をそのままにしておいて、ただ上部構造だけをすげ替えた試みにすぎない。こういう方法によっては真に強力な文化は生まれず、ローマ帝国は滅亡せざるをえなかったが、アウグスティヌスによって方向づけられた新しいキリスト教文化は古代文化の「新生」（regeneration）となり、第三の類型を形成している。

コックレンのこの構想とギボン(Edward Gibbon, 1737~1794)の名著『ローマ帝国衰亡史』(1776―1788年)とを比較してみよう。ギボンにとってはローマの平和といわれるアウグストゥスの治世がローマ史の最高段階であり、歴史はここから解釈されると、ローマ史は「衰亡」の一途を辿ったことになる。アウグストゥスの時代が黄金時代であり、あとは衰亡だけがあったと解される。このような構想はギボンの『自叙伝』によると、彼がカピトールの廃墟に立って夢見たローマの偉人たちの群像から立ち現われた霊感によっていることが知られる。なによりも問題になるのはギボンの啓蒙主義から理解されたキリスト教に対する偏見である。彼はキリスト教がユダヤ的排他主義のゆえにローマの衰亡を促進させたと考えた。これと比較するとコックレンはキリスト教によってもたらされた思想と行動はまことに革命的なものであり、全く新しい生き方となっているると主張したのである。

さて、前節で学んだキリスト教のヘレニズム化はキリスト教がヘレニズム文化を積極的に受容して自己を表現した思想史の歩みであったが、そこにはローマ帝国のキリスト教化が幾多の迫害の試練を経て進行していたのである。そしてコンスタンティヌス自らキリスト教の勢力を統一すべくニカイアの公会議（325年）を招集するまでにいたったのである。この第一回公会議においてキリスト教思想はそのすべてに共通の基本的教義を確立する。したがってこの会議はキリスト教思想史上最初の重大な出来事となった。

3　三位一体論論争

神を父・子・聖霊の三位一体として説くことは、人間との交わりを開いたキリスト教的神観にとり決定的に重要な信仰経験に根ざしている。神の国の宣教を記してもその教説に中心をおかない新約聖書には三位一体の萌芽は認められるが、明白な教説とはなっていない。

元来ユダヤ教は厳格な唯一神論を守り、異教は多神教であった。ところでキリスト教はイエスをキリストとして宣教するのみならず、キリストが「神のかたち」をもつと主張した（IIコリント4・4、コロサイ1・15）。さらにユダヤ教の唯一神論では許容しがたいキリストの先在説（フィリピ2・5―11、ローマ8・32、IIコリント8・9）やキリストを天上的存在や神と同一視する主張（ローマ9・5、ヨハネ1・18、Iヨハネ5・20）も説かれた。また聖霊の働きをイエスの洗礼やペンテコステにおいて述べ、助け主（ヨハネ14・16）、キリストの霊（ローマ8・9）、神の愛（ローマ5・5）として表象していたが、いまだ人格的には表現されていない。さらに「父なる神」「イエス・キリスト」「聖霊」が三肢的に表現されている（IIコリント13・13、マタイ28・19）が、いまだ三一的に表象されてはいない。こうして新約聖書は、唯一の神が父・子・聖霊という三様の仕方で自己を啓示していることを説いているのである。

さて、二世紀に入ると聖書の具体的語り方はヘレニズムの思考様式にしたがって変化し、形而上学的に神の真理が語られるようになった。聖書そのものが明快に述べていないところから、初期の異端にモナルキア主義（Monarchianismus）が出て、キリスト教において唯一神論を保持しようとした。そのさい「子」を派生的に見るか、それとも「子」において「父」の現われを見るかによって相違した主張となった。前者が動態論的モナルキア主義といい、神の力がイエスの中に働き、キリストは神の子として養子にされた（養子説）となす。しかし、これによりキリストの神性と御言の受肉は否定される。後者は様態論的モナルキア主義といい、神のみが唯一の位格で、「父」・「子」・「聖霊」は三つの現象様態の名にすぎない（サベリウス主義 Sabellianism）と説いた。したがって人となったのは父そのものだから、子ではなく父が十字架に付けられることになり、「天父受苦説」ともこれをいう。

グノーシス主義は本来的に三位一体論を確立してはいなかったが、父なる神、子なる神、聖霊を分けていた。たいていのグノーシス主義者は地上のキリストは仮の身体をとって十字架についたが、そこで身体を捨てたのであるから、神の子キリストが死んだのではなく、人間イエスが死んだのにすぎないと説いた。これはドケティズム（docetism）、すなわちキリスト仮現説と呼ばれる。これに対し教会は信仰をいっそう明確にする必要に迫られたのである。

エイレナイオスやテルトゥリアヌスは反グノーシス主義の傾向が明確であるが、クレメンスやオリゲネスではキリスト教的グノーシスの性格があって、三位一体論でもそこには自ずと相違があらわれている。エイレナイオスは神の唯一性を強調するが、同時に救済史における神の発展的自己開示を語る。だから、「その本質の現存在と力によれば一つの神のみ存在する」のであるが、同時に「救済の出来事と実現によれば父と子が存在する」と説いて、教会の三位一体論の代表者となる。さらに、これを継承し「不合理なるゆえに我信ず」という言葉で有名なテルトゥリアヌスは神の単一な「実体」と「ペルソナ（位格）」の三からなる「トリニタス（三位一体）」の語を案出し、「一つの実体、三つのペルソナ、そして一人の神が存在する」と明確に規定し、モナルキア主義とグノーシス主義の誤謬を指摘した。

他方、オリゲネスはエイレナイオスとテルトゥリアヌスと同じく神の唯一性を強調し、位格間の区別をも明らかにしようと試み、子は父と本質において「同質」（ホモウシオス）であるが、つまり三位格の統一に立っているが、それでも天父受苦説とならないために区別があって、子は父に従属すると説いた。また子は神の唯一性と霊的存在の多を仲立ちする媒介的働きのゆえに御子の永遠の誕生を説いたため、グノーシス的傾向に与《くみ》し、救済史的三位一体論から神性の内在的三位一体論に発展していった。

三位一体論が最も激しい対立を生みだしたのは四世紀にアレイオス主義（Areianoc/Ariani）が隆盛になってからである。

アレイオス（Areios, c.250~c.336）はアレクサンドリアの司祭であり、オリゲネスの従属説を徹底させ、キリストの人間性を重んじ、キリストを神と同一視することを否定した。彼の中心的関心事は神の唯一性と超越を強調することにあった。彼の信仰告白には「わたしたちは一人の神を告白する。神のみが生まれず、神のみが永遠であり、はじめなく、真理にして不死、神のみが賢く、善く、主にして万人の審判者である」とある。この神以外は無から創られた者であるから、御子も父から生まれたのではない。神が永遠からもっている御言葉は神の本質にかかわっていて、第二位格や第三位格とは関係がない。したがって御子は被造物で、父と本質が同じとは言えない。アレイオスは神の唯一性を説いて、多神教の新しい形式からキリスト教を守ろうとしたのである。

アレイオスの説が広まったとき、彼はアレクサンドリアの司教によって職を免ぜられた。このことによってアレイオス主義がいちだんと勢力を得たので、教会が統一の危機に直面するとコンスタンティヌスは三二五年ニカイアに全教会の司教約三〇〇人を招き最初の公会議を開いて、カイサリアの司教エウセビオスの信仰告白文を若干修正した形で採択し、父なる神と子なるキリストとの同質説を正統信仰とし、父と子の異質を説くアレイオス主義は異端として決定させたのである。

ニカイア信条の全文は次のごとくである。

我らは、唯一の全能の父なる神、すべて見えるものと見えざるものの創造者を信ずる。また我らは、主イエス・キリスト、神の御子、御父よりただ独り生まれたるもの、神より出でたる神、光より出でたる光、真の神より出でたる真の神、造られず、聖父と同質なる御方を信ずる。その主によって、万物、すなわち天にあるもの地にあるものは成り、また主は、我ら人間のため、我らの救いのために降り、肉をとり、人となり、苦しみ、三日目に甦《よみがえ》り、天に昇り、生きている者と死んでいる者とを審くために来り給うのである。我らは聖霊を信ずる。主の在し給わなかった時があるといい、生まれ給う前には主は在し給わなかったといっている者ら、または、異った存在または本質から出たもの（被造物）といい、変質し異質となり得る御方であると語る者を、公同かつ使徒的なる教会は呪うものである」（『信条集』前編、小島潤他訳、新教出版社）。

この信条を使徒信条（中世以来重んじられている基本信条で、成立年代不詳）と比べてみるなら、この信条のもっている歴史的意義はおのずと明らかになるであろう。だが、その後ニカイア信条をめぐって新たに論争が再燃するにいたったが、アタナシオスはニカイア信条を擁護し続けた。彼にとって救済は神にして人なるキリストでなければ実現できないという聖書的使信が最大の関心事であった。ニカイアの三位一体論はさらにカッパドキアの三教父（バシレイオス Basileios, c. 330-379、ニュッサのグレゴリオス、ナジアンゾスのグレゴリオス）によって完成させられ、東方教会にも受け入れられるようになった。コンスタンティノポリスで381年に開かれた第二回公会議はニカイア信条を確認したが、ここで決議されたニカイア・コンスタンティノポリス信条が後世において一般に普及するようになった。この信条では御子は「生まれ」、聖霊は「出る」となっていて、カッパドキアの教父の説が入っている。

このように公会議が皇帝の命令で開かれたことは、教会内の問題に世俗の権力が介入する、悪しき実例を開始させることにもなった。

4 キリスト論の問題

三位一体の論争はキリストの完全な神性についての教義を確立することによって終息したが、今度はキリストの神性と人間性との関係をめぐって新しい問題が起こってきた。アレイオスのように御子を神以下の被造物と考えれば、人間性との結合は容易であった。アタナシオスはこれに対決してキリストは神にして同時に人間であり、両者の結合から一人格をなすと説いたが、どのようにしてその結合が可能であるかは教示しなかった。キリストにおける神性と人性との二つの本性についての問題は主として東方教会で論争がなされ、アレクサンドリアの学派とシリアのアンテオケの学派が対立した。

アレクサンドリア学派　これはキリストのペルソナの一体性を強調した。ラオデキアの主教アポリナリオス（Apollinaris of Laodicea, ~382）はキリストの神性と人性の統一から考えてゆき、人間学的三区分、身体・魂・霊（ヌース）を用い、キリストにおいてロゴスと身体とが結合しているのだから、ロゴスがヌースのかわりに宿っている、と説いた。だが、これでは神性が完全に保たれても、人性は部分的となり、完全な人間性を備えていないことになり、人間を救済できなくなってしまう。アポリナリオス説はコンスタンティノポリスの公会議で異端の宣告を受けた。

アンテオケ学派　それに対し、これはこのキリストにおける神性と人性とを厳格に区別したため、ペルソナの一体性が疑わしくなった。コンスタンティノポリスの総主教ネストリオス（Nestorius, c.381~c.451）はキリストにおいて完全な神性と完全な人性とは意志的に完全な一致を保っていると見る。したがってキリストを道徳的服従の完成した模範とみなし、その神性に対する信仰を弱めた。また当時広くゆきわたっていたマリアに対する「神の母」の呼称を退けたので、アレクサンドリアの大主教キュリロス（Cyrillus, ?~444）から批判され、両者の論争が激化し、東方教会は分裂の危機にさらされた。

この論争はカルケドンの公会議（４５１年）で一時的ではあるが決着を見た。約六〇〇人の司教（主教）が出席した古代教会最大のこの公会議も東方教会からの代表で占められ、西方教会からの参加は少なかったが、教皇レオ一世の書簡という形で提示された条文が可決された。そこではキリストが「一つのペルソナのなかに二つの性質」(duae naturae in una persona)をもつものとして両極端を排除し、その結合の仕方について次のように述べている。「この唯一のキリスト、御子、主、独り子は、二つの性において混ることなく、欠けることなく、分けられることもできず、離すこともできぬ御方として認められねばならないのである。合一によって両性の区別が取除かれるのではなく、かえって、各々の性の特質は救われ、一つの人格一つの本質にともに入り、二つの人格に分かたれ割かれることなく、唯一人の御子、独り子、言なる神、主イエス・キリストである」(前出『信条集』)。

わたしたちが明らかにしてきたようにニカイア・コンスタンティノポリス信条とカルケドン信条が公会議によって決定されたことは、古代におけるキリスト教の教義の確立を意味するものであって、キリスト教思想史の最も重要な出来事となった。この教義の確立によってカトリック教会は統一され、具体的に成立するのである。もちろん、三位一体論とキリスト論がカトリックの教義のすべてではないにしても、それはすべての教説の根幹となるものである。

キリスト論の問題はカルケドン公会議によっても決定的な解決にいたらず、さらに引き続き議論され、680年のコンスタンティノポリス第六回公会議まで続いた。このような論争をとおして東方教会は「正統的教会」と今日までも呼ばれるものとなった。一般的にいって東方教会は思索的・神秘主義的・芸術的ギリシア文化の伝統を生かしており、政治的・法律的・実践的である西方教会と文化的にも対立している。両教会の対立はコンスタンティヌスが首都を東方に移し、テオドシウス以後、帝国が東西に分けられたこと、さらに西ローマ帝国の滅亡も影響しており、725年に聖画像礼拝をレオ三世が禁止して以来、これをめぐり一〇〇年にわたって論争が行なわれ、東方教会が聖画像崇拝を認めたのに、西方教会はこれに激しく抗議し、分裂が深まっていった。なお9世紀の中葉に教皇ニコラウス一世がコンスタンティノポリスの総主教フォティオスの就任に干渉したため、対立は激化し、11世紀に東方の総主教アクリダのレオと教皇レオ九世との争いは相互に破門を宣言するにいたり、最後的分裂となった。なお東方教会の中心は1453年コンスタンティノポリスの陥落後にはロシア教会に移った。

［談話室］　新約聖書だけを学べばよいのか

キリスト教を理解するには新約聖書だけを学べばよいのであって、その後の教会や思想の歴史など不必要である、と考えている人がいるかも知れない。キリスト教の伝統の弱い私たちにとって西欧的キリスト教の展開などに関心をもたないのも当然かも知れない。そのさい、二つのことに注意すべきであろう。まず聖書そのものが、一時代の産物であり、当時の時代的背景、とくに旧約聖書とユダヤ教の歴史を知らなくてはほとんど理解できないということであり、もう一つは、聖書の教えによってすべての問題が解決できるのではなく、時代の発展とともに新しい問題が提起されることにより、聖書には萌芽としてあった見方が後に思想として、そして遂に教義として確定されるにいたったという事実である。こうして三位一体論、キリスト論、罪と恩恵の教え、信仰義認論のような思想が歴史的に誕生してきており、キリスト教会の共有財産となっているのである。

新約聖書の中心思想についても時代的背景、とくに時代の要請と密接な関連の上に形成されてきたといえよう。その中心思想は原始キリスト教会の使信内容、すなわちイエスはキリスト（救い主）であるに求められる。しかし、この宣教内容がいかに当時の人々にとって理解しにくかったかは、ローマの極刑につけられた者が救い主であるとはだれにも信じられなかったことからも理解できよう。イエスは当時の人々のメシア待望の要請によって登場してくるが、第二イザヤが預言した苦難の僕《しもべ》として、隠れたるメシアの自覚によって、贖罪の死を遂げる。人々はイエスを裏切り者と誤解し、死刑を求めたが、その死を通してイエスのメシアたることが証しされたのである。このような逆説を担っているイエス・キリストを宣教することはユダヤ世界ばかりでなく、ヘレニズムの世界においても非常に困難であった。さらに悪しき事態としてローマによるキリスト教の迫害が起こってきた。どうしてもローマ人たちに理解できるようにキリスト教信仰を説明し弁護しなければならなかった。こうして新約聖書の正典化がすすみ、弁証論（アポロゲーティック）が盛んに試みられ、キリスト教思想の形が整うようになったのである。

したがってキリスト教の正典である新約聖書自身も時代の要請により形成され、場所が変わり、時が移ると、新しい問いをもってイエスをキリストとして理解するように努めるようになった。もちろん、そのような時代状況の変化とともにキリスト教の基本的な教えが変わるのではなく、新しい問いによってキリスト教の主張が深められ、理解しやすく一般化されて発展していったのである。それゆえキリスト教は各時代に内在していた問いや要請によって発展してきたのであるから、今日においてもわたしたちの真摯《しんし》な問いによってさらに発展することは可能であるといえよう。ここにキリスト教思想史を学ぶ意義が求められるであろう。

あとがき

わたしが『キリスト教思想史入門』を書いたのは37年も前のことであった。この書は多くの人たちに歓迎され、教科書としてもよく使われたのであるが、わたしとしてはこのような概説的な入門書ではなく、本格的な『キリスト教思想史』を完成したいと願っていた。そこで以前に全10巻からなる著作を計画したことがあった。そのなかには個別的には不完全ではあるがすでに書き上げた三巻があったが、出版事情が一段と厳しくなり、個別的にもその著作の出版を断念せざるを得なかった。ところが今日、わたしはすでに最晩年を迎えており、もう前のようには仕事を継続できなくなった。この種の厖大な計画は個人の短い生涯ではその完成は望めないにしても、現在到達した内容だけでも、その内容をまとめて見たいと願うようになった。

そこでまずキリスト教思想史でも観察される「ヨーロッパ精神の源流」を主題とする計画を立ててみたが、多様な内容がばらばらになってしまい、とうてい一冊にまとめることができないことが判明した。そこで、その内容をキリスト教史の各時代ごとに分けてみたら、『キリスト教思想史の諸時代』（全7巻）にまでふくれ上がってしまった。これは真に「瓢箪から駒が出た」のと同じ現象であって、わたしとしても驚きの他はなかった。

なおこのシリーズの第1巻の本書は、わたしの専門でない西洋古典学と聖書学の問題を扱っているので発表するのに躊躇をおぼえた。そこで聖書学者である旧友の並木浩一さんにこのことを聞いてみたら、「聖書学と聖書に対する霊的なインサイトとは異なります。金子さんの聖書箇所に対する考察には信仰的な読み取りと学的なセンスが生きています」と好意的にお答えいただいたので、出版に踏み切ることができた。

第2巻以後はわたしの専門領域に入りますので、この点は心配ないのですが、新書版にふさわしく、やさしく簡潔に叙述する新しい課題を負うことになります。

なお、本書では特別に各章ごとに「談話室」を設け、各章の間でこぼれてしまった話題が落穂拾いのように取り出されています。読者の方々でこの種のことに関心をもたれ、何か質問なり提案なりしてくださるなら、直接わたしに、もしくは出版社のほうにそれをお知らせください。わたしもそれに応えて、さらに談話を充実させたいと願っています。

また、本年の8月31日には私の住居に近い小金井福音キリスト教会にて濱 和弘氏のご好意によりインターネットで本書第6章について講義がなされました。これによって私の仕事が教会の宣教に少しでも役立つようにとの願いがかなえられますなら、今後も継続する予定です。

終わりに、この書物で採り上げた各章の初出について述べておきたい。


第1章「ヨーロッパ思想の三つの柱」は大学の三年次生が講義を正確に理解するため準備したパンフレットである。

第2章「ギリシアにおける哲学の起源」は『哲学入門——基礎概念の解明による』国立音楽大学出版課、1977年、第1章、第3節を改作したものである。

第3章「神話からロゴスの世界へ」も同じく『哲学入門』第2章、第2節からの全面的な改作である。

第4章「ダイモーン信仰とその批判」は『アウグスティヌス「神の国」を読む』教文館、第4章、第6節「ダイモン崇拝の批判」の改作である。

第7章「霊性の物語的表出」は『霊性の証言』ぷねうま舎、2018年、第2章「聖書の霊性物語」からの抜粋である。

第10章「キリスト教と古典文化」は『キリスト教思想史入門』日本基督教団出版局、1983

年、第2章、第2節「ローマ帝国とキリスト教」の改作である。
なお序論、第5章、第6章、第8章、第9章及び「談話室」のエッセイは今回すべて新しく書き下ろしたものである。

本書はシリーズ『キリスト教思想史の諸時代』の第1巻に当たるが、この計画の構成と企画の全体にわたってヨベル社の社長、安田正人氏にお世話になった。本シリーズ第2巻の『アウグスティヌスの思想世界』はわたしが青年時代から求めてきた彼の「心の哲学」という主題をまとめたものである。これまでアウグスティヌスの思想世界の全体像をまとめて論じたことがないので、わたしにとっては新鮮な試みである。

2020年9月16日

金子晴勇

金子晴勇（かねこ・はるお）
1932 年静岡生まれ。1962 年京都大学大学院博士課程中退。67 年立教大学助教授、75 年『ルターの人間学』で京大文学博士、76 年同書で日本学士院賞受賞。82 年岡山大学教授、1990 年静岡大学教授、1995 年聖学院大学客員教授。2010 年退官。

主な著書:『ルターの人間学』（1975）『アウグスティヌスの人間学』（1982）、『ヨーロッパ人間学の歴史』（2008）、『エラスムスの人間学』（2011）、『アウグスティヌスの知恵』（2012）、『キリスト教人間学』（2020）、『わたしたちの信仰――その育成をめざして』（2020）、『キリスト教思想史の諸時代Ⅰ』（2020, 2022²）、『キリスト教思想史の諸時代Ⅱ』（2021）『キリスト教思想史の諸時代Ⅲ』（2021）、『キリスト教思想史の諸時代 IV』（2021）、『キリスト教思想史の諸時代Ⅴ』（2022）、『ヨーロッパ思想史――理性と信仰のダイナミズム』（2021）、『東西の霊性思想――キリスト教と日本仏教との対話』（2021, 2022²）ほか多数。
主な訳書:アウグスティヌス著作集 第 9 巻（1979）、ルター『生と死の講話』（2007）、ルター『神学討論集』（2010）、エラスムス『格言選集』（2015）、C. N. コックレン『キリスト教と古典文化』（2018）、エラスムス『対話集』（2019）ほか多数。

ヨベル新書 063
キリスト教思想史の諸時代
Ⅰ ヨーロッパ精神の源流

2020 年 10 月 26 日初版発行
2022 年 04 月 20 日 2 版発行

著　者 ―― 金子晴勇
発行者 ―― 安田正人
発行所 ―― 株式会社ヨベル　YOBEL, Inc.
〒 113-0033 東京都文京区本郷 4-1-1-5F
TEL03-3818-4851　FAX03-3818-4858
e-mail：info@yobel. co. jp

印刷 ―― 中央精版印刷株式会社
装幀 ―― ロゴスデザイン：長尾 優

配給元―日本キリスト教書販売株式会社（日キ販）
〒 162 - 0814　東京都新宿区新小川町 9 -1
振替 00130-3-60976　Tel 03-3260-5670

 Printed in Japan　ISBN978-4-909871-27-5 C0216

金子晴勇　わたしたちの信仰――その育成をめざして

［好評発売中］

新書判・二四〇頁・一二一〇円（税込）ISBN978-4-909871-18-3 C0216

原田博充氏・評　……表題は**使徒信条**で告白される**正統的な信仰**であるが、「その育成をめざして」とはどういうことであろうか。「信仰」は、「育成」とか「成長」によって得られるものではなく、神の啓示への瞬時的「決断」によって得られるという側面をもっている。しかし、その決断の前にも後にも、信仰への育成の時がある。本書は、まさに著者の該博な知識を援用して、読者に信仰への育成をもたらすものである。どの一遍から読み始めてもよいが、特に少し聖書を読み始めてこれからキリスト教の真理を深く学び始めようとする人々におすすめしたい。（『本のひろば』２０２０年９月号）

片柳榮一氏・評　……「分かり易く、読みやすい」という言葉が通常含み持つ「内容も薄められて読みやすい」ものかとの安易な読者の予想は見事に覆され、どろりと濃い内容を突き付けられ、驚かされることしばしばである。さすが「**ヨーロッパ思想史**」で長年鍛え抜かれた**著者の思索の冴え**を覚えさせられる。この短い講話を集めた書にも、著者の思想の根底を支える確信が滲み出ている。……著者は、私たち現代人がもはや理解しがたくなっている、**人間の人格性**、**宗教性**ということの意味を受け取りなおそうとしている。（『週刊読書人』２０２０年８月21号）